INTERPRETATIONEN DEUTSCH

FRIEDRICH DÜRRENMATT
Der Besuch der alten Dame

Interpretiert von
Manfred Eisenbeis

STARK

Bildnachweis
Umschlag: Heidemarie Hatheyer als Claire Zachanassian in einer Aufführung der Bad Hersfelder Festspiele (1987): picture-alliance/dpa
S. 3: DLA – Marbach
S. 7: Cinetext Bildarchiv
S. 15, 52 und 97: © Digipott
S. 33: © Bruno Bührer
S. 41, 63, 66 und 79: © Barbara Aumüller
S. 85: © Li Sanli

ISBN 978-3-89449-757-6

© 2011 by Stark Verlagsgesellschaft mbH & Co. KG
www.stark-verlag.de
1. Auflage 2007

Das Werk und alle seine Bestandteile sind urheberrechtlich geschützt. Jede vollständige oder teilweise Vervielfältigung, Verbreitung und Veröffentlichung bedarf der ausdrücklichen Genehmigung des Verlages.

Inhalt

Vorwort

Einführung 1

Der Dichter und sein Werk 3
1 Überblick über Dürrenmatts Leben und Werk 3
2 Weltbild 11
3 Zur Entstehung des Stücks 14

Inhaltsangabe 17

Textanalyse und Interpretation 29
1 Die Figuren 29
    Überblick 29
  1 Die Besucher 31
    Claire Zachanassian – die Rachegöttin 31
    Claires Gefolge 38
  2 Die Besuchten 39
    Alfred Ill – der mutige Mensch 40
    Ills Familie 45
    Polizist und Bürgermeister 46
    Der Arzt 47
    Der Pfarrer 48
    Der Lehrer 49
2 Themen 51
  • Kapital oder Moral 51
  • Das Problem der Gerechtigkeit 57

  3 Dürrenmatts Theaterauffassung 61
   • Theorie 61
   • Anwendung 65
  4 Die dramatische Bauform 67
   • Aufbau 67
   • Analyse als Prinzip 70
   • Struktur 72
   • Raum und Zeit 75
  5 Gestaltungselemente 77
   • Die „tragische Komödie" 77
   • Paradoxie und Groteske 79
   • Komik, Ironie, Anspielungen, Parodie 81
   • Motive und Symbole 87
   • Sprache 93
  6 Interpretation von Schlüsselstellen 97
   • Die Ansprache des Lehrers (S. 120–122) 97
   • Der Schlusschor (S. 132 f.) 100

Werk und Wirkung 103
  1 Aufführungsgeschichte 103
   • Die Uraufführung 103
   • Weitere Aufführungen 104
  2 Deutungsmöglichkeiten 105

Literaturhinweise 108

Autor: Manfred Eisenbeis

Vorwort

Liebe Schülerin, lieber Schüler,

diese Interpretationshilfe beschäftigt sich mit einem bedeutenden, interessanten, ja sogar spannenden Theaterstück mit fast kriminalistischen Zügen. Sie will zum vertieften Verständnis sowohl seiner Thematik als auch seiner sprachlichen Form beitragen.

Hilfreich ist immer, wenn man zuerst etwas über den **Verfasser** und die **Entstehung** des Textes erfährt. Deshalb beginnt das Buch mit einem Kapitel über den Dichter und sein Werk.

Bei einem Theaterstück liegt keine geschlossene Erzählung vor, die dem Leser die Informationsentnahme leicht macht. Das Geschehen wird ihm vielmehr durch die Dialoge verschiedener Personen und durch Spielszenen vermittelt, sodass er den Zusammenhang aus dem Auge verlieren kann. Deshalb ist eine klar strukturierte **Inhaltsangabe**, die sich auf das Kerngeschehen beschränkt, ein wichtiges Hilfsmittel für das Verständnis des Werkes. Eine solche Inhaltsangabe finden Sie im zweiten Kapitel des Buches.

Der Hauptteil der Interpretationshilfe besteht aus einer genauen **Analyse und Interpretation** des Textes, der unter verschiedenen thematischen Schwerpunkten betrachtet wird. Die Untersuchung beginnt mit einer Charakteristik der **Figuren**.

Besonders bei einem Theaterstück spielen **Bauform** sowie **Gestaltungselemente** wie Stilmittel, Motive und Symbole und sprachliche Besonderheiten eine große Rolle; sie tragen wesentlich zum Verständnis des auf Bühnenwirkung angelegten Textes bei. Entsprechend werden diese Aspekte eingehend erläutert.

Anhand der Interpretation zweier **Schlüsselstellen** werden die Analyseergebnisse am Text verankert und zusammengefasst.

Eine knappe Darstellung der **Aufnahme** und **Wirkung** des Stücks bei seinen Zuschauern oder Lesern rundet die Beschäftigung mit dem Werk ab. Am Ende des Bandes finden Sie ferner **Literaturhinweise**, die Ihnen nützlich sein werden, wenn Sie sich noch weiter mit Dürrenmatts Drama beschäftigen wollen. Die in der Interpretationshilfe zitierten Texte der Sekundärliteratur werden durch die Nennung der Autoren nachgewiesen, deren Bücher und Aufsätze im Literaturverzeichnis aufgeführt sind.

Manfred Eisenbeis

Einführung

Friedrich Dürrenmatts Theaterstück *Der Besuch der alten Dame* wurde 1956 zum ersten Mal aufgeführt und begründete den Durchbruch des Schriftstellers und Dramatikers zum international anerkannten Bühnenautor. Es stellt den Höhepunkt seines dramatischen Werks dar, ist zu einem „Klassiker der Moderne" geworden und gehört noch heute, zusammen mit dem Stück *Die Physiker* (1962), zu den bekanntesten und am meisten aufgeführten Werken des Autors.

Als Dürrenmatt 1990 starb, hinterließ er ein inhaltlich und formal umfangreiches und vielfältiges Werk. Er begann mit Beiträgen fürs Kabarett, schrieb dann Dramen, Hörspiele, Filmdrehbücher, Romane und Erzählungen unterschiedlicher Art und machte sich als Regisseur eigener und fremder Theaterstücke einen Namen. Verschiedentlich brachte er eigene Werke in bearbeiteten und umgearbeiteten Fassungen neu heraus. Daneben aktualisierte er Dramen von Autoren der Klassik und der Moderne.

Dürrenmatt war **nicht nur ein Praktiker**, sondern **auch ein Theoretiker des Theaters**. Er machte sich Gedanken über die konventionellen Dramenformen und über seine Möglichkeiten als Dramatiker in der heutigen Zeit. Er veröffentlichte Essays, war ein gefragter Redner und Theaterkritiker und nahm oft zu Zeitproblemen kritisch Stellung. Außerdem fand er als Zeichner und Maler Anerkennung.

Darüber hinaus war Dürrenmatt immer ein engagierter Zeitgenosse und kritisierte nicht nur in seinen Essays, sondern auch in seinen Dramen die **Schwächen der Gesellschaft**, oft auf provozierende Weise. Das geschieht auch in *Der Besuch der alten Dame*. Der **Titel** ist, wie der Zuschauer oder Leser erst später erkannt, aus der Perspektive der Güllener gesehen und weckt durch seine allgemein gehaltene Formulierung Spannung. Man erwartet eine vornehme, ältere Frau, die freundlich zu ihrer Umgebung ist. Es wird nicht gesagt, wie die alte Dame heißt; diese Unbestimmtheit irritiert. Außerdem verbindet man mit einem derartigen Besuch Vorstellungen von einer reichen Erbtante aus Amerika, die vielleicht unerwartet kommt, Geschenke mitbringt und dann wieder wegfährt. In dieser Erwartungshaltung werden Zuschauer und Leser jedoch gründlich getäuscht.

Das Stück ist im **Untertitel** als „Tragische Komödie" ausgewiesen. Diese scheinbar paradoxe Wortverbindung weckt besonderes Interesse und lässt die Darstellung ernster Probleme in komischer Gestaltung erwarten. Tatsächlich wird beides geboten: Gelächter und Schrecken. Das Lachen bleibt einem im Halse stecken angesichts dieses Dramas über ein geschwängertes und verratenes Mädchen, das im Bordell landet, dann jedoch durch eine Heirat märchenhafterweise zu ungeheurem Reichtum und zu großer Macht kommt und Jahrzehnte später als höllische Versucherin in sein Heimatstädtchen zurückkehrt, um Rache zu üben.

Dürrenmatts Stück wird wegen seiner gesellschaftlichen Brisanz heute noch oft aufgeführt und gehört zum engeren Kanon der **Schullektüre**. Die Gründe dafür sind formaler und inhaltlicher Art. Die Komik mancher Szenen erleichtert die Rezeption. Vor allem beeindruckt die groteske Hauptfigur der alten Dame mit ihren roten Haaren, ihren Prothesen und ihrem skurrilen Gefolge die Zuschauer und ruft Staunen und Entsetzen hervor.

Entscheidender ist jedoch: Dürrenmatt gestaltet ein überzeitliches Problem, das heute mehr denn je von Bedeutung ist: Er stellt die **Käuflichkeit von Menschen** dar, die über Leichen gehen und dabei ihr gutes Gewissen behalten.

Der Dichter und sein Werk

1 Überblick über Dürrenmatts Leben und Werk

Kindheit und Jugend
Friedrich Reinhold Dürrenmatt wurde am 5. Januar **1921** im Dorf Konolfingen im Kanton Bern als **Sohn des Pfarrers** geboren und besuchte dort bis 1933 die Primarschule. Dann wechselte er zur Sekundarschule in der Nähe des Heimatortes. Schon in dieser Zeit entdeckte er sein Talent zum **Zeichnen und Malen**. In seinem Heimatdorf verlebte Dürrenmatt eine insgesamt glückliche Jugend, hatte aber wegen seiner besonderen Stellung als Pfarrerssohn manchmal Schwierigkeiten und musste sich von der Dorfjugend manche Anfeindung gefallen lassen. Oft entzog er sich ihrer Gesellschaft und wurde so zum Einzelgänger

Friedrich Dürrenmatt (1921–1990)

Die Nachwirkungen der 1929 aufgetretenen Weltwirtschaftskrise machten sich auch in der Schweiz bemerkbar. Deshalb zog die Familie 1935 aus finanziellen Gründen nach Bern. Dort wurde der Vater Krankenhausseelsorger. Friedrich wechselte das **Gymnasium**, weil ihm der Unterricht im ersten nicht gefiel, weil er schlechte Noten hatte und wegen seines Verhaltens bei den Lehrern aneckte. Er selbst bezeichnete seine Schulzeit später als die „übelste" Zeit seines Lebens (nach: Knapp, S. 4). Am Gymnasium Humboldianum legte er 1941 die Maturitätsprüfung – das Abitur – ab. Noch in dieser Zeit schwankte er zwischen dem vom Vater angeregten philosophischen Studium und der Malerei als Beruf. In dieser Zeit las er Texte expressionistischer Schriftsteller wie Georg Heym und Georg Trakl, setzte sich mit Kafka und den Tragödiendichtern der Antike auseinander, beschäftigte sich mit Schopenhauer und Nietzsche und später mit Kierkegaard und Hegel.

Frühe Werke

Nach dem Abitur **studierte** Dürrenmatt bis 1945 Germanistik, Philosophie und Naturwissenschaften in Bern und Zürich. Gegenüber der Literaturwissenschaft entwickelte er eine lebenslange Abneigung. Rückblickend bezeichnete er sich als „ziemlich verbummelte[n] Student[en]" (nach: Knapp, S. 4). In diese Zeit fallen ernsthaftere zeichnerische und malerische Arbeiten sowie **erste schriftstellerische Versuche**.

Von 1945 bis 1946 schrieb Dürrenmatt an seinem ersten veröffentlichten Bühnenstück *Es steht geschrieben,* das 1947 uraufgeführt wurde. Das Stück zeigt Aufstieg und Fall der reformatorisch-revolutionären Sekte der Wiedertäufer in Münster, die in den Jahren 1533 bis 1536 eine kurze Herrschaft etablieren konnten, ehe sie von den katholischen Truppen besiegt wurden. Hauptfiguren sind der falsche Prophet Jan Bokelson sowie sein Gegenspieler, der reiche Knipperdollinck, der Bokelson seinen gesamten Besitz übergibt und ihm dadurch die materiellen Grundlagen für sein „Königreich" verschafft. Es kam zu einem Theaterskandal, als am Ende beide Männer in Nachthemden – was als Zeichen männlicher Würdelosigkeit gewertet wurde – vor einem riesigen Mond auf dem Dachfirst tanzen und so die irdische Narrheit und Vergänglichkeit ihres Lebens sinnlich vor Augen führen. Das bürgerliche Publikum fühlte sich durch die im Stück enthaltenen Derbheiten und Lästerungen provoziert und verließ fluchtartig den Saal. Dürrenmatt arbeitete das Stück um und ließ es 1967 in abgemilderter Form unter dem Titel *Die Wiedertäufer* wieder aufführen, diesmal mit einem Tanz auf der Bühne des Theaters statt auf dem Dachfirst.

Die Beziehung zu Max Frisch

Nach dem Aufführungsskandal schrieb der schon als Theaterautor bekannte Max Frisch (1911–1991) dem noch unbekannten Dürrenmatt, er sei von *Es steht geschrieben* begeistert und wolle dem Neuling gern den Weg zur Bühne ebnen. Das war der Beginn einer nicht immer spannungsfreien „Arbeitsfreundschaft", wie Frisch sie bezeichnete. Die beiden schickten einander Manuskripte und Entwürfe, versuchten sich als gegenseitige Kritiker und trafen sich anfangs häufig zum Gedankenaustausch. Allerdings gab es oft Verstimmungen, wenn sich einer vom anderen missverstanden oder ungerecht beurteilt fühlte. Besonders Dürrenmatt war hart in seinen Urteilen, was Frisch kränkte. Die Folge war, dass es für Dürrenmatt immer schwieriger wurde, dem Kollegen gegenüber offen Stellung zu beziehen.

Ab Ende der Siebzigerjahre kam es dann zur Entfremdung zwischen beiden. Frisch, der besonders die frühe Zeit der Freundschaft in Erinnerung hatte, nahm die Entfremdung leichter als Dürrenmatt und erlebte sie zum Teil als Befreiung. Als besonders trennend empfand er, dass Dürrenmatt stark theologisch festgelegt schien. Die Animositäten häuften sich. In den letzten 15 Jahren ihres Lebens brach der Kontakt fast vollständig ab, obwohl Dürrenmatt im Mai 1986 noch einmal mit einem weisen und traurigen Rückblick auf die gemeinsame Beziehung das Gespräch suchte, allerdings vergeblich. Der Briefwechsel zwischen Frisch und Dürrenmatt wurde 1998 herausgegeben.

Dramen und Romane

1946 heiratete Dürrenmatt die Schauspielerin Lotti Geißler. Mit ihr hatte er drei Kinder, einen Jungen und zwei Mädchen. 1947 zog das Paar nach **Basel**. Nach dem Misserfolg seines Dramas *Der Blinde,* das thematisch an *Es steht geschrieben* anknüpft und in der Trümmerlandschaft des Dreißigjährigen Krieges spielt, wechselte die Familie 1948 den Wohnsitz und zog ins Haus der Schwiegermutter an den **Bielersee**. Bereits 1947 hatte Dürrenmatt mit der Arbeit an der Komödie *Romulus der Große* begonnen, die Anfang 1948 in Basel mit mäßigem Erfolg uraufgeführt wurde und vom Autor anschließend noch mehrfach umgearbeitet wurde. Diese „ungeschichtliche historische Komödie", wie Dürrenmatt sein Stück nannte, spielt 476 n. Chr. in der Villa des letzten weströmischen Kaisers und demonstriert am Beispiel des heruntergewirtschafteten römischen Weltreichs die Unabänderlichkeit der über den Menschen hereinbrechenden Geschichte und die Fähigkeit einzelner Menschen, trotzdem human zu handeln – eine Thematik, die sich durch Dürrenmatts gesamtes Werk zieht. In dieser Zeit um 1947 schrieb Dürrenmatt auch Theaterkritiken und Beiträge für das Zürcher Kabarett.

Der größer werdenden Familie wurde es im Haus der Schwiegermutter zu eng, und Dürrenmatt mietete 1951 ein Haus oberhalb **Ligerz** am Bieler See. Die Familie lebte zunächst in **finanzieller Unsicherheit**. Deshalb schrieb Dürrenmatt Hörspiele im Auftrag deutscher Rundfunkanstalten und Theaterkritiken. Ebenfalls aus finanziellen Gründen schrieb er 1950 für die Zeitung *Schweizerischer Beobachter* seinen ersten **Kriminalroman** *Der Richter und sein Henker,* der 1978 unter der Regie von Maximilian Schell verfilmt wurde. Es geht darin um die Problematik von Recht und Gerechtigkeit, ebenfalls ein zentrales Thema Dürrenmatts, dem er 1968 seinen *Monstervortrag über Gerechtigkeit und Recht* vor Mainzer Studenten widmete. Im Roman kann der Verbrecher für seine Untaten nicht bestraft werden und büßt daher am Ende für ein Verbrechen, das er nicht begangen hat. Dieser Roman befreite Dürrenmatt von seinen finanziellen Sorgen, denn die Buchausgabe war ein **großer Erfolg** und erreichte im Laufe der Jahre eine Millionenauflage. Aufgrund dieses Erfolgs schrieb Dürrenmatt einen zweiten Kriminalroman, *Der Verdacht,* der als Fortsetzungsroman im Herbst und Winter 1951/52 erschien und ebenfalls große Verbreitung fand. Er schließt unmittelbar an das Ende des ersten Romans an und hat denselben Kommissar als Hauptfigur. In seinem Zentrum steht ein ehemaliger KZ-Arzt, der, als sei nichts geschehen, in einer Privatklinik sein sadistisches Gewerbe fortsetzt und die Patienten um ihr Vermögen bringt.

Jon Voight und Jacqueline Bisset in Maximilian Schells Verfilmung von Friedrich Dürrenmatts Kriminalroman „Der Richter und sein Henker" (BRD/IT 1975)

Große Erfolge

1952 kaufte Dürrenmatt in **Neuenburg** (Neuchâtel) ein eigenes Haus, das er renovierte und umbaute und in dem er bis zu seinem Tod lebte. Im gleichen Jahr hatte er mit der Komödie *Die Ehe des Herrn Mississippi* seinen ersten großen Bühnenerfolg. Das satirische, manchmal parodistische Spiel von der Unveränderlichkeit des Menschen nimmt modellhaft die Situation des Kalten Krieges auf, indem es das westliche System mit dem östlichen konfrontiert. Dabei handelt es sich um ein Stück, in dem wieder das Problem der Gerechtigkeit im Vordergrund steht. Es ist die erste Komödie Dürrenmatts, die in der Gegenwart spielt.

Das Jahr 1952 markierte auch den Beginn von Dürrenmatts theaterpraktischer Arbeit. Daneben schrieb er Abhandlungen über das Theater – darunter den besonders bekannt gewordenen Vortrag *Theaterprobleme* (1955), eine Standortbestimmung des modernen Theaters – und begann seine Vortragstätigkeit in der Schweiz, in Deutschland und in den USA.

Während der beiden Jahrzehnte zwischen 1952 bis 1973 war Dürrenmatt künstlerisch besonders produktiv. Die tragische Komödie **„Der Besuch der alten Dame"** von 1956 begründete seine Weltgeltung als Dramatiker. 1959 erhielt er für das Stück den Preis der New Yorker Theaterkritiker. 1957 schrieb er das Drehbuch für den Film *Es geschah am helllichten Tag,* der Geschichte eines Kindsmörders mit Heinz Rühmann und Gert Fröbe in den Hauptrollen. Derselbe Stoff liegt dem 1958 erschienenen Kriminalroman *Das Versprechen* zugrunde.

1962 gelang es Dürrenmatt, mit der Komödie *Die Physiker* an den Erfolg der *Alten Dame* anzuknüpfen. Das Drama entstand in einer weltpolitischen Lage, die einen offenen Konflikt zwischen den Supermächten und den Einsatz von Atombomben befürchten lässt. Im Stück geht es um die Verantwortlichkeit des Wissenschaftlers und um die Unmöglichkeit, als Einzelner in den Lauf der Geschichte einzugreifen und etwas Gedachtes wieder zurückzunehmen.

Für sein persönlichstes Stück hielt Dürrenmatt *Der Meteor* (1966), in dessen Mittelpunkt ein weltberühmter Dramatiker steht, der nicht sterben kann. Es handele sich, so Dürrenmatt, um seine „Auseinandersetzung mit der Welt meines Vaters" (nach: Goerz, S. 94).

In den Sechzigerjahren stand Dürrenmatt auf dem **Höhepunkt seines Publikumserfolges**. In dieser Zeit widmete er sich vorwiegend der praktischen Theaterarbeit; 1968 wurde er für ein Jahr Theaterdirektor in Basel, wendete sich aber schon 1869 nach Differenzen mit der Direktion wieder enttäuscht von der Theaterarbeit ab.

Reisen, Vorträge, Essays

Dürrenmatt war in dieser Phase seines Lebens unermüdlich aktiv. Er inszenierte spektakuläre Wiederaufführungen seiner Theaterstücke, bearbeitete Werke anderer Autoren, schrieb theaterkritische Aufsätze und Essays, hielt Vorträge und unternahm trotz schwerer gesundheitlicher Belastung – er war zuckerkrank und erlitt 1969 nach der erfolgreichen Uraufführung seines Stücks *Play Strindberg* einen Herzinfarkt – Vortragsreisen nach den USA, Mexiko, Jamaika und den karibischen Inseln. 1975 wurde er von der israelischen Regierung eingeladen und veröffentlichte 1976 den Aufsatz *Zusammenhänge. Ein Essay über Israel. Eine Konzeption*. Darin bejaht er das Existenzrecht Israels, bringt den Nachbarstaaten Verständnis entgegen und betont die gegenseitige Abhängigkeit der jüdischen, christlichen und islamischen Kultur. Wegen seines Eintretens für Israel verlieh ihm die Hebräische Universität Jerusalem 1977 die Ehrendoktor-Würde. 1979 hielt Dürrenmatt in der Eidgenössischen Technischen Hochschule Zürich anlässlich der Feier des 100. Geburtstages von Albert Einstein einen Vortrag über die Bedeutung dieses Naturwissenschaftlers.

Unter solchen Bedingungen entstanden nur noch gelegentlich neue Werke wie zum Beispiel *Porträt eines Planeten* (1971), ein Weltuntergangsdrama, und *Der Mitmacher* (1973), in dem der Bankrott der westlichen Zivilisation anhand eines Einzelfalls innerhalb des wirtschaftspolitischen Machtkampfes gestaltet wird.

Diese späten Stücke fanden jedoch nur geringe Resonanz bei Publikum und Kritik.

Zu seinem 60. Geburtstag im Jahre 1981 wurden Dürrenmatt **vielfältige Ehrungen** in aller Welt zuteil. Er war bereits Ehrendoktor verschiedener Universitäten. Nun wurde er auch Ehrendoktor der Universität Neuenburg. 1984 erhielt er den *Österreichischen Staatspreis für Literatur* und 1986 den *Georg-Büchner-Preis*. In Bern stellte er seine Bilder und Zeichnungen aus. Er machte erneut Reisen und nahm zu politischen Fragen Stellung. So knüpfte er 1981 an seinen Essay über Israel 1976 an und veröffentlichte *Nachtgedanken unter anderem über Freiheit, Gleichheit und Brüderlichkeit in Judentum, Christentum, Islam und Marxismus und über zwei alte Mythen.* Die Mythen sind die von Prokrustes, der seine Opfer folterte, um sie in ein Bett einzupassen, und Theseus, dem es gelang, den Minotaurus zu töten und dem Labyrinth zu entfliehen. In diesem Essay drückt Dürrenmatt seine resignative Einsicht aus, dass der Mensch nie aus Gründen der Vernunft handele, sondern nur aus Machtgier und Besitzstreben. Es bleibe nur der Rückzug in die individuelle Freiheit.

Dieses Thema war schon Gegenstand seiner Rede *Über Toleranz* anlässlich der Verleihung der Buber-Rosenzweig-Medaille in der Frankfurter Paulskirche am 6. März 1977 gewesen und zuvor in vielen Werken Dürrenmatts gegenwärtig, besonders in seinen berühmtesten Stücken *Romulus der Große, Der Besuch der alten Dame* und *Die Physiker.*

Die letzten Jahre

1983 starb Dürrenmatts Frau. 1984 heiratete er die Schauspielerin, Filmemacherin und Journalistin **Charlotte Kerr**. In den letzten Lebensjahren wurde sein Verhältnis zu seinen Kritikern immer gespannter. Er beklagte, dass man seine dramatischen Arbeiten nicht mehr genügend zu schätzen wisse. Die Komödie

Achterloo (1983; erweiterte und kommentierte Fassung 1986 unter dem Titel *Rollenspiele*), die einen konkreten Bezug zu damals aktuellen Ereignissen – Verhängung des Kriegsrechtes in Polen und Verbot der Gewerkschaft *Solidarność* – aufweist, sollte die Summe seiner bisherigen Theaterarbeit werden, fiel aber durch. Danach wurde sie vom Autor mehrmals bearbeitet und um weitere Teile (III–IV) ergänzt. Der 1988 uraufgeführte Teil IV bedeutete Dürrenmatts endgültigen Rückzug von der Bühne.

1985 hatte Dürrenmatt mit seinem Kriminalroman *Justiz,* der Überarbeitung eines seit 1956 vorliegenden Fragments, in dem er harte Kritik an der Schweizer Justiz übt, noch einigen Erfolg, ebenso 1986 mit der Novelle *Der Auftrag,* die auf Anregung von Charlotte Kerr entstand – sie sollte die Grundlage ihres ersten Spielfilms werden – und deren Thema das gegenseitige neugierige misstrauische Beobachten ist. Bis zu seinem Tod war Dürrenmatt voller Pläne, die ihren Niederschlag in seinem letzten Buch, *Turmbau – Stoffe IV–IX,* fanden. Es enthält Fragmente, Inhaltsangaben aufgegebener Geschichten und Stücke und daran anschließende Betrachtungen und Spekulationen.

Am 14. Dezember **1990** starb Dürrenmatt in seinem Haus in Neuchâtel an einem Herzinfarkt.

2 Weltbild

Dürrenmatts Dichtung ist stark von seinen **weltanschaulichen Vorstellungen** bestimmt. Für ihn ist die moderne Welt aufgrund des explosiven Bevölkerungswachstums, der immer hektischer werdenden Technisierung, der anonymen Verwaltungsapparate und der Bedrohung durch Massenvernichtungswaffen für den Einzelnen undurchschaubar geworden. Entsprechend kommt sich der Mensch in dieser Welt verloren vor. Diese Situation veranschaulicht Dürrenmatt durch das Bild des **Labyrinths** aus der griechischen Sage vom „**Minotaurus**", der, wie der moderne Mensch, hilflos und orientierungslos umherirrt. „Das Labyrinth-Motiv" prägte nach Ansicht von Sydney G. Donald Dürrenmatts „gesamtes Schaffen, sein schriftstellerisches wie auch sein bildnerisches, aber auch sein philosophisches Denken" (Donald, S. 142). Oder, mit den Worten Peter Gassers: „Die dürrenmattische Welt ist als minotaurische Welt und, in ihrer Totalität, als Labyrinth zu denken." (Gasser, S. 199)

Diese Ansicht, dass die Welt undurchschaubar sei, hat viel mit Dürrenmatts Kindheitserfahrungen zu tun. Rückblickend hat er das Dorf, in dem er geboren wurde, als eine „gespenstische Idylle" bezeichnet, die für ihn als Jungen „etwas Undurchschaubares" gehabt habe: Die „Gänge" in den Weizenfeldern und die „Scheunen der Bauernhöfe" seien ihm wie ein Labyrinth vorgekommen, in dem er sich verloren fühlte. Mit dem Umzug in die Stadt sei er zwar „in eine ganz andere Welt" geraten, „die aber auch das Labyrinthische hatte, und zwar noch verstärkt: das Unübersichtliche" (nach: Jost, S. 292 f.).

Auch von anderer Seite her verfestigte sich in Dürrenmatt die Vorstellung von der Welt als Labyrinth. Während seines Studiums beschäftigte er sich mit Platon, Hegel, der ihm allerdings sein Leben lang „unverständlich" blieb, Kierkegaard, über den er eine Dissertation schreiben wollte, sowie mit Nietzsche und Schopenhauer.

Platons Höhlengleichnis beeindruckte Dürrenmatt so stark, dass er die Thematik nach eigenen Aussagen in seiner Erzählung *Der Tunnel* (1951) verwendete, zugleich aber umdeutete: Ein Zug gerät in einen Tunnel und stürzt dem Erdinneren entgegen. In dieser Erzählung gestaltet Dürrenmatt „die endgültige Absage des Autors an die Platonische Ideenwelt" (Knapp, S. 26), denn den Passagieren des Zuges ist es im Gegensatz zu den Höhlenbewohnern nicht möglich, ihre Abgeschlossenheit zu überwinden und einen Blick nach draußen zu werfen.

In Dürrenmatts Vorstellung von der Sinnlosigkeit des Daseins und der Verlorenheit des eingeschlossenen Menschen spiegeln sich Arthur **Schopenhauers** (1788–1860) Pessimismus und Friedrich **Nietzsches** (1844–1900) Botschaft vom Tod Gottes (vgl. Knapp, S. 17). Bei Nietzsche ist der sich aus dieser Einsicht ergebende Nihilismus mit dem Untergang des alten Menschen verbunden, der den unglaubwürdig gewordenen christlichen Moralvorstellungen verhaftetet ist, und Voraussetzung für die Entstehung des neuen, harten und seinen Mitmenschen gegenüber mitleidlosen Menschen. Bei Dürrenmatt ist der Nihilismus dagegen Ausdruck einer sinnlosen und grausamen Welt. „Die Abkehr von Gott bewirkt nicht Selbstbefreiung, sondern den Niedergang aller humanen Bindungen, allen verbindlichen Sinns." (Knopf 1988, S. 15)

Auch Sören **Kierkegaard** (1813–1855) hat Dürrenmatt stark beeinflusst. Wie er, so geht auch Dürrenmatt vom Einzelwesen Mensch aus, das von paradoxer Struktur ist und sowohl rationalen als auch irrationalen Motiven folgt. Der Einzelne verändert sich „bewusst oder unbewusst durch den Vollzug seiner Existenz, ohne dabei jedoch jemals von seiner paradoxen Wesensstruktur befreit zu werden" (Mingels, S. 267). Die Zentrierung auf den einzelnen Menschen, der zugleich im Labyrinth der Welt wie Minotaurus eingeschlossen ist, „begrenzt die Welt auf die verengte Sicht, die ihm sein labyrinthisches Universum noch freilässt" (Gasser, S. 199).

Die Vorstellungen vom **Abgeschlossensein** des Menschen, vom Verfall humaner Bindungen zwischen den Menschen und dem damit einhergehenden Niedergang der abendländischen Kultur prägen Dürrenmatts Werke, so auch das Theaterstück *Der Besuch der alten Dame*. Die Welt ist für Dürrenmatt undurchschaubar – aber als Schriftsteller sieht er sich gezwungen, sie darzustellen und in ihr einen Sinn zu suchen, weil er sie ohne Sinn nicht aushalten kann.

3 Zur Entstehung des Stücks

Der Kontext
Die Fünfzigerjahre waren in Deutschland die Zeit des **Wirtschaftswunders**. In der Mitte des Jahrzehnts herrschte Vollbeschäftigung. Die Schweiz, die vom Krieg verschont geblieben war, erlebte von 1952 bis 1957 einen noch schnelleren und größeren wirtschaftlichen Aufschwung als Deutschland. Dessen Folgen waren eine vermehrte Investitionstätigkeit der Unternehmer, ein Bauboom, eine stark um sich greifende Motorisierung und ein rasches Ansteigen des Wohlstandes. Die Meinung, Geld sei das Wichtigste und alles sei damit machbar, gewann immer mehr Anhänger. Zeitkritiker beklagten diese Veräußerlichung des Wertesystems und die materialistische Haltung großer Gruppen der Bevölkerung, für die der Konsum alles zu bedeuten schien. Vor dem Hintergrund dieses wirtschaftlichen Aufschwungs und seiner zwiespältigen Folgen schrieb Dürrenmatt sein Drama, in dem er drastisch gestaltete, was viele beschäftigte. Von daher erklärt sich auch der Erfolg der „Komödie der Hochkonjunktur" (S. 139) – so der ursprünglich geplante Untertitel des Stücks.

Vorstufe
Dürrenmatt äußerte über den „Einfall zur ‚Alten Dame'": „Ich versuchte eine Novelle zu schreiben mit dem Titel: *Mondfinsternis*. Die Geschichte spielte sich in einem Bergdorfe ab, aus Amerika kehrte ein Auswanderer heim und nahm Rache an seinem alten Rivalen. [...] aus dem Auswanderer wurde eine Frau: die Multimilliardärin Claire Zachanassian. Aus dem Bergdorf: Güllen." (Nach: Schmidt, S. 28) Die Erzählung enthält bereits das Motiv, dass der Heimkehrer den Einheimischen eine große Summe anbietet, wenn sie seinen früheren Rivalen töten. Dieser opfert sich und lässt sich von seinen Mitbürgern während einer Mondfinsternis unter einen Baum setzen, der – ein geplanter ‚Unfall' – umfällt und den Heimkehrer erschlägt. Was für das

abgelegene Dorf seine bald darauf folgende Erschließung durch den Fremdenverkehr ist, wird für die Güllener der Übergang zur Wohlstandsgesellschaft.

Anregungen durch eigene Erlebnisse
Persönliches kam hinzu: 1955 erkrankte Dürrenmatts Frau Lotti schwer. Er fuhr täglich mit dem Schnellzug von Neuchâtel nach Bern ins Krankenhaus. Abends kehrte er dann zu seinen Kindern zurück und ärgerte sich darüber, dass die Schnellzüge auch in zwei kleineren Orten hielten und er gezwungen war, die „kleinen trostlosen Bahnhöfe zu betrachten, ungeduldig über den Unterbruch, wenn er auch nur ein, zwei Minuten dauert". Neben diesen kleinen Bahnhöfen waren Bedürfnisanstalten eingerichtet (nach: Goerz, S. 69 f.).

Die Güllener versammeln sich in Erwartung Claire Zachanassians vor ihrem Bahnhof. Szene aus Gil Mehmerts Inszenierung des „Besuchs der alten Dame" an der „Schauburg" (Theater der Jugend der Landeshauptstadt München) in der Spielzeit 2006/07

Dürrenmatt stellte sich vor, was es für die Einwohner dieser Orte bedeuten würde, wenn die Züge dort nicht mehr hielten, wenn sie also vom technischen und wirtschaftlichen Fortschritt abgeschnitten wären: Das wäre der Anfang vom Abstieg der beiden Dörfer. Durch diese Überlegungen boten die zunächst lästigen Aufenthalte Ansatzpunkte für eine weitergehende Reflexion, aus der heraus Dürrenmatt die erste Szene seines Stücks entwickelte. So hatte er die Idee, den *Besuch der alten Dame* auf einem **Bahnhof** beginnen und enden zu lassen. Dieser Ort symbolisiert zum einen Ankunft und Abreise und in umfassenderem Sinne die Verbindung zur Welt. In der Entwicklung des Bahnhofs vom hässlichen, verfallenden Gebäude zum blitzenden Verkehrsknotenpunkt spiegelt sich außerdem die Entwicklung der Stadt Güllen und der Anschluss ihrer Bewohner an die moderne Industriegesellschaft.

Inhaltsangabe

Die Story

Vergangenheit: Die junge Klara („Kläri") Wäscher aus der Stadt Güllen hat ein Liebesverhältnis mit Alfred Ill und wird schwanger. Ihr Liebhaber entschließt sich jedoch aus finanziellen Gründen, eine andere Frau zu heiraten. Er behauptet, nicht der Vater des Kindes zu sein, und besticht zwei Männer, die fälschlich bezeugen, mit Klara geschlafen zu haben. Diese muss die Stadt verlassen, landet im Bordell und lernt dort einen Milliardär kennen, der sie heiratet. Das Kind, das sie von Ill hat, stirbt nach einem Jahr.

Spielgegenwart: Nach 45 Jahren kehrt Klara Wäscher als Milliardärin Claire Zachanassian in ihre Heimatstadt zurück. Diese ist inzwischen durch Claires planmäßiges Handeln völlig verarmt. Sie bietet den Bürgern ihre Hilfe unter der Bedingung an, dass man ihren treulosen und meineidigen Ex-Liebhaber Alfred Ill tötet. Zuerst lehnen die Bürger entrüstet ab; dann aber verschulden sie sich immer mehr, sodass ihnen zuletzt nur noch übrig bleibt, Ill zu töten. Dadurch werden sie wohlhabend.

1. Akt: „Unsere einzige Hoffnung" – Die Ankunft Claires (S. 13–50)

Überblick

Im ersten Akt, der die Exposition bildet, wird die Ausgangssituation dargestellt und die Vorgeschichte enthüllt, die das folgende Geschehen begründet und erklärt. Die Handlung spielt an verschiedenen Schauplätzen der kleinen Stadt Güllen, die inmitten eines Landes, in dem Wohlstand herrscht, auf unerklärliche Weise verarmt ist. Im tiefen Elend kommt bei den Bürgern aufgrund des angekündigten Besuchs einer früheren Mitbürgerin und jetzigen Milliardärin Hoffnung auf. Sie soll die dringend benötigte finanzielle Hilfe leisten. Doch dann schwindet diese Hoffnung wieder, weil die in Aussicht gestellte überaus großzügige Hilfe mit einer schlichtweg inakzeptablen Bedingung verknüpft ist.

Warten auf Claire (S. 13–21)
Im ersten Bild sieht man den heruntergekommenen Bahnhof von Güllen, an dem im Gegensatz zu früher kein Schnellzug mehr hält. Verarmte, arbeitslose Bürger klagen vor dem Bahnhofsgelände über den elenden Zustand ihrer einst auch kulturell bedeutenden Stadt, die jetzt von der übrigen Welt abgeschlossen ist und in vielfältiger Weise vor dem Bankrott steht. Die Gründe dafür sind rätselhaft und die Bürger geben Freimaurern, Juden, der Hochfinanz und dem Kommunismus die Schuld.

Die Bürger unterhalten sich über die erwartete Milliardärin Claire Zachanassian, die früher Klara (Kläri) Wäscher hieß. Da sie umliegenden Orten finanziell geholfen hat, hofft man, dass sie ihrer Geburtsstadt ebenfalls helfen wird. Deren Repräsentanten, der Bürgermeister, der Pfarrer und der Lehrer, bereiten auf dem Bahnhof den Empfang der Hoffnungsträgerin vor. Bei sich haben sie den Ladenbesitzer Alfred Ill, der mit Claire vor 45 Jahren eng befreundet war und sie nun spendenfreudig stimmen soll.

Die Ankunft (S. 21–35)
Nach diesen teils von Niedergeschlagenheit, teils von Hoffnung geprägten Unterhaltungen wird das Empfangskomitee, das noch mit der Vorbereitung der Begrüßung beschäftigt ist, davon überrascht, dass der D-Zug ‚Rasender Roland' außerplanmäßig in Güllen hält. Claire Zachanassian, die erst zwei Stunden später in einem Regionalzug eintreffen sollte, hat ihn mithilfe der Notbremse gestoppt und sich so über alle Vorschriften hinweggesetzt.

Dem Zug entsteigt die schrille Erscheinung der zweiundsechzigjährigen Milliardärin in Begleitung ihres ebenso eigenartigen Gefolges. Den aufgebrachten Zugführer bringt sie mit Geld zum Schweigen. Geblendet von der hohen Summe und Claires Berühmtheit bietet er ihr zuletzt sogar an, mit der Weiterfahrt zu warten, bis sie Güllen besichtigt habe. Aber sie lehnt ab, denn sie wird länger bleiben. Die Begrüßungsrede des Bürgermeisters geht im Geräusch des abfahrenden Zuges unter. Ills sentimentalkitschige Erinnerung an die früheren Zeiten korrigiert Frau Zachanassian unromantisch und realistisch. Während des Begrüßungsrituals macht sie unheimlich wirkende Bemerkungen, zum Beispiel über die Todesstrafe und das Ausstellen eines Totenscheins, deren Sinn sich dem Zuschauer erst später enthüllt.

In einer ebenso bedrohlich wie lächerlich wirkenden Prozession lässt Claire Zachanassian sich und ihr großes Gepäck in das etwas heruntergekommene Gasthaus ‚Zum Goldenen Apostel' tragen. Die Bevölkerung und ihr Gefolge begleiten sie. Zu diesem gehören ihr siebter Gatte, Zofen, ein Butler und zwei blinde Kastraten. Besonderes Aufsehen erregen ein schwarzer Panther und ein kostbarer schwarzer Sarg. Während Tier und Sarg sowie das übrige Gepäck in den Gasthof gebracht werden, will Claire die Stätten ihrer früheren Liebe besuchen.

Aus der Menge des Gepäcks schließen die Honoratioren, dass Claire einige Zeit in Güllen bleiben will. Sie wissen nicht, ob es sich bei Sarg und Panther um eine harmlose Laune oder um etwas Bedrohliches handelt. Man ist jedoch optimistisch, was die Unterstützung der Stadt durch die Milliardärin angeht, besonders, als der Polizist von einer Liebesszene zwischen ihr und ihrem früheren Freund Ill berichtet.

Die frühere „Love Story" (S. 35–40)
Güllener Bürger fingieren den Wald, einen der Schauplätze von Claires und Ills Jugendliebe. Ill beschwört sentimental die Ver-

gangenheit, wie er sie jetzt aus Opportunitätsgründen sehen will, und versucht Claire zur Erhöhung ihrer Spendenbereitschaft in die gleiche Stimmung zu versetzen. Dabei erfährt der Zuschauer wichtige Ereignisse aus der früheren Zeit: Ill verließ Claire – angeblich, um ihrem Glück nicht im Weg zu stehen, tatsächlich aber aus Berechnung – und heiratete seine jetzige Frau, die Geld hatte. Claire verließ die Stadt, geriet in ein Bordell und lernte dort einen Milliardär kennen, der sie heiratete.

Der Leser oder Zuschauer traut Ills sentimentaler Version der Vorgeschichte nicht, besonders da Claire erneut dunkle und drohende Andeutungen macht. Ill wird jedoch nicht misstrauisch, bedauert die lange Trennung, weist sie auf seine eigene Notlage sowie auf die des Ortes hin und ist über Claires Zusage, helfen zu wollen, begeistert.

Mit schlecht verhohlenem Entsetzen reagiert er hingegen auf Claires Hinweise darauf, wie viel an ihr mittlerweile nicht mehr echt, sondern künstlich ist. Nicht nur eines ihrer Beine ist durch eine Prothese ersetzt worden, sondern auch ihre rechte Hand, die er andächtig küsst.

Der Empfang und die Enthüllung (S. 40–50)
In der Stadt wird der festliche Empfang der zukünftigen Wohltäterin durch die Bürger mit Musik, Darbietungen einzelner Gruppen und einer Rede des Bürgermeisters nachgeholt. Claire kommentiert die Darbietungen wieder mit rätselhaften und bedrohlichen Bemerkungen, die die Bürger und auch Ill als Ausdruck ihres Humors verstehen wollen. Nachdem der Bürgermeister Claires Vergangenheit beschönigend dargestellt und nicht versäumt hat, auf ihre Wohltätigkeit zu verweisen, korrigiert die Besucherin ironisch und grob die idealisierende Art der Darstellung ihres früheren Lebens in der Stadt. Zur unermesslichen Freude aller Bürger erklärt sie sich aber bereit, eine Milliarde zu stiften. Als Gegenleistung verlangt sie lediglich Gerechtigkeit.

Die alte Dame lässt von ihrem Butler, dem früheren Güllener Oberrichter, den entsetzten Bürgern die Wahrheit über das damalige Geschehen enthüllen, das sie zur Flucht aus der Stadt gezwungen hat. Dadurch erhalten sie Auskunft über Claires rätselhafte Erscheinung und ihr eigenartiges Gefolge.

Der frühere Richter teilt mit, dass Claire die Milliarde nur dann schenkt, wenn die Güllener das Unrecht sühnen, das sie und besonders Ill ihr vor 45 Jahren angetan haben. Dieser hat damals mithilfe zweier bestochener Zeugen vor Gericht erfolgreich die Vaterschaft des Kindes abgestritten, das Claire von ihm erwartete; woraufhin Claire Güllen verlassen musste und zur Dirne wurde. Dies könne sie, so der Butler, nicht vergessen. Die meineidigen Zeugen, die beiden blinden Eunuchen, habe sie aufgespürt, geblendet und kastriert. Jetzt biete sie eine Milliarde für Ills Tod. Der Bürgermeister lehnt dieses Angebot jedoch – unter großem Beifall seiner Mitbürger – aus moralischen Gründen empört ab. Claire ist dennoch zuversichtlich, dass ihre Bedingung erfüllt werden wird, und erklärt, abwarten zu wollen.

2. Akt: „Ich warte" – Die Korrumpierung der Güllener (S. 51–85)

Überblick

Claires letzte Worte im ersten Akt – „Ich warte" (S. 50) – können als Motto für den zweiten Akt gesehen werden. Durch eine simultane Darstellung werden dieses ihr Warten auf dem Balkon des Gasthauses und die allmähliche Korrumpierung der Güllener Bürger zu ihren Füßen als Folge dieses Abwartens vorgeführt.

Claire Zachanassian spricht auf dem **Balkon** mit ihrem zukünftigen achten Ehemann, bereitet die Hochzeit mit ihm vor und unterhält sich mit ihrem Gefolge über Musik, ihre internationalen Kontakte und Geschäfte sowie über ihre Männer. Ironisch-doppeldeutig kommentiert sie die vermeintliche kleinstädtische Idylle unterhalb des Balkons. Dann erfährt sie vom Ausbruch ihres Panthers, der gejagt und später erschossen wird.

Sie lässt die Zeit für sich arbeiten und sieht zu, wie die Güllener unter dem Eindruck möglichen Wohlstandes allmählich von ihren moralischen Prinzipien abrücken und wie Ill immer deutlicher seine wachsende Vereinsamung erkennt. Diese Bewusstseinswandlung der Güllener und Ills allmähliche Erkenntnis seiner Situation werden dem Zuschauer in den **Vordergrundszenen** vorgeführt.

Die Käufe auf Kredit (S. 51–61)

Ills Sohn und Tochter haben keine Zeit, mit ihrem Vater zu frühstücken, weil sie sich Arbeit suchen wollen. Auch ihre Mutter kommt nicht zum Frühstück, sie scheint die Wohnung nicht mehr gern zu verlassen. Ill ist wegen ihres Eifers stolz auf seine Kinder. Immer mehr Kunden kommen in sein Geschäft, essen Schokolade und kaufen fetthaltigere Milch, teureren Kognak sowie besseren Tabak als sonst. Auch tragen immer mehr Güllener neue gelbe Schuhe. Aber sie bezahlen nicht, sondern lassen anschreiben.

Noch erfährt Ill Solidaritätsbeweise von seinen Mitbürgern. Er freut sich darüber und glaubt an die ihm – unmittelbar vor Claires Ankunft – versprochene Wahl zum Bürgermeister. Deshalb verhält er sich abwartend, passiv. Aber er muss erkennen, dass seine Kunden immer mehr Schulden machen, die sie nur weden bezahlen können, wenn sie die Bedingung der alten Dame erfüllen und ihn töten. Er vertreibt seine Kunden, indem er sie mit Waren bewirft, und stürzt verzweifelt aus dem Laden.

Ills Reaktionen (S. 61–79)

Ill hat seine Situation erkannt und beginnt sich zu wehren. Die Jagd auf den ausgebrochenen schwarzen Panther von Claire und dessen Abschuss versteht er als – vorerst noch stellvertretende –

Jagd auf ihn selbst. Deshalb geht er zur Polizei, verlangt Claires Verhaftung wegen Anstiftung zum Mord und teilt seine Sorge mit, dass mit dem steigenden Wohlstand auf Pump die Notwendigkeit wächst, ihn zu töten. Der **Polizist** hat einen neuen Goldzahn, trägt ebenfalls gelbe Schuhe und weigert sich einzugreifen. Zur Begründung gibt er an, noch sei nichts geschehen und er sei an die Gesetze gebunden.

Auch der **Bürgermeister** will nicht tätig werden und behauptet, niemand bedrohe Ill, denn man orientiere sich an humanistischen Werten. Er sieht Ill jetzt als Täter, erinnert ihn an sein früheres Verbrechen Claire gegenüber und sagt, er komme deshalb nicht mehr als sein Nachfolger infrage. Er bekommt eine neue Schreibmaschine und hat Pläne für ein neues Stadthaus an seiner Wand hängen. Ill merkt, wie seine Mitbürger unter dem Eindruck möglichen Reichtums allmählich von ihm abrücken und seine frühere Tat immer stärker verurteilen. Auf den Vorschlag des Bürgermeisters, über die Angelegenheit zu schweigen, geht er nicht ein, da er erkennt, dass man auch von Amts wegen auf seinen Tod spekuliert.

Verzweifelt sucht Ill nun Hilfe beim **Pfarrer**, der erstaunlicherweise ebenso wie Polizist und Bürgermeister bewaffnet ist und dies mit der allgemeinen Suche nach dem Panther begründet. Zuerst versucht der Pfarrer Ill mit religiösen Floskeln zu beruhigen. Als jedoch eine zweite, neu erworbene Glocke läutet und Ill darüber entsetzt ist, verliert er die Fassung und gibt Ill den dringenden Rat zu fliehen, um die Güllener Bürger durch sein Bleiben nicht in Versuchung zu führen.

Der Panther wird erschossen, und die Güllener versammeln sich, um der Besucherin das Beileid der Gemeinde wegen ihres toten Tieres auszudrücken. Als der Lehrer einen Trauergesang zu dirigieren beginnt, vertreibt der jetzt mit dem Gewehr des Pfarrers bewaffnete Ill den Chor, weil er den Gesang als Hinweis auf seinen eigenen Tod betrachtet.

Danach sucht Ill Claire auf, wodurch sich Vorder- und Hintergrundhandlung verbinden. Er droht ihr mit seinem Gewehr und fordert sie auf, das grausame Spiel zu beenden. Doch sie lässt sich nicht beeindrucken, ihr Entschluss ist endgültig. Sie erinnert sich an den Beginn ihrer Jugendliebe und trifft Anstalten, die Milliarde bereitzustellen.

Ills Fluchtversuch (S. 80–85)

Die Parallelhandlung ist abgeschlossen, das Geschehen um Ill steht nun wieder im Mittelpunkt. Der zweite Akt hört da auf, wo der erste begann: am **Bahnhof**.

Ill sieht keinen anderen Ausweg mehr als die Stadt zu verlassen und auszuwandern. Deshalb begibt er sich zum Bahnhof. Die Güllener begleiten ihn. Er empfindet dies als Bedrohung, sie aber bestreiten entsprechende Absichten und fordern ihn ständig auf, den Zug zu besteigen. Weil er aber ihren wachsenden Wohlstand sieht und den Preis dafür kennt, fürchtet er, sie wollten ihn im letzten Moment gewaltsam zurückhalten oder sogar töten. Ob er mit seiner Annahme recht hat, bleibt offen. Entscheidend ist, dass er es letztlich nicht wagt, die Probe aufs Exempel zu machen.

3. Akt: „Ich bin verloren!" – Ills Tod (S. 86–134)

Überblick

Diesmal kann der letzte Satz Ills aus dem zweiten Akt – „Ich bin verloren!" (S. 85) – als Motto des dritten angesehen werden. Dieser Akt ist von einer gegenläufigen Bewegung bestimmt: Ill erkennt immer mehr seine Schuld, steht zu ihr und will deshalb auch nicht mehr um sein Leben kämpfen. Seine **Mitbürger** dagegen werden immer selbstgerechter, je besser es ihnen geht, bis sie derart verschuldet sind, dass sie Ill töten müssen. Die Tötung Ills wird, scheinheilig inszeniert, nahezu unter den Augen der Weltpresse vollzogen, die den Vorgang grotesk fehldeutet.

In der Peterschen Scheune (S. 86–91)

Claire Zachanassian hält sich wegen der damit verbundenen Erinnerungen an ihre frühere Liebe zu Ill nochmals in der Scheune auf. In Vertretung ihrer Mitbürger kommen der Lehrer und der Arzt zu ihr und machen einen Vorschlag, um die Stadt aus ihrem Dilemma – Geld oder Moral, Armut oder Mord – zu befreien: Claire möge anstelle ihrer problematischen Schenkung die bankrotten Firmen der Stadt aufkaufen und sanieren.

Sie erfahren jedoch zu ihrem Schrecken, dass diese Firmen Claire Zachanassian bereits seit langem gehören und dass sie sie in der Absicht erworben hat, die Stadt und ihre Bürger zu ruinieren. Auf diese Weise kann sie sie unter Druck setzen und ihrem Willen gefügig machen. Der Arzt und der Lehrer appellieren verzweifelt an Claires Menschlichkeit. Aber dieser Appell trifft ins Leere. Sie weist auf das Unrecht hin, das ihr Ill und auch die Güllener in ihrer Jugend angetan haben und das sie nicht vergessen kann. Sie will nicht helfen, sondern sich rächen, und verhält sich daher unnachgiebig.

Ills Laden (S. 91–109)

Ills Laden ist mittlerweile zum Treffpunkt der Güllener geworden, die sich, wie auch seine Familie, immer mehr Luxus gönnen. Er selbst ist anfangs nicht anwesend. Er hat die Gewohnheit angenommen, tagelang in seinem Zimmer über dem Geschäft auf und ab zu gehen. Die Güllener wollen ihn auf jeden Fall daran hindern, den Journalisten der internationalen Presse, die sich für den Besuch der Milliardärin in ihrem Heimatort und für ihre nächste Hochzeit interessieren, die Wahrheit zu erzählen, weil sie um ihren Wohlstand fürchten.

Ills Frau – die ebenfalls angibt, darunter zu leiden, was ihr Mann einst dem „Klärchen" angetan hat – bedient unterdessen die Kunden, die Ills früheres Verhalten jetzt als Verbrechen verurteilen, sich immer stärker von ihm distanzieren und ihn beschimpfen. Die Vertreter der Presse deuten die damaligen Verhältnisse zu einer medienwirksamen Rührgeschichte um: Mann zwischen zwei Frauen. Claire Zachanassian, so verbreiten sie, habe damals aus Liebe auf Ill verzichtet, damit er seine von ihm geliebte jetzige Frau heiraten konnte.

Der Lehrer kommt und trinkt sich Mut an. Er hat ein schlechtes Gewissen, weil er ahnt, dass der Sündenfall der Stadt bevorsteht. Die Kinder Ills treten auf, die sichtlich auch am geborgten Reichtum der Stadt teilhaben. Der Lehrer schickt sich an, eine Rede an seine Mitbürger zu halten und die „Weltöffentlichkeit" über die wahre Situation zu informieren. Selbst Ills Frau und seine Kinder reagieren darauf mit Empörung. Ill kommt hinzu, als einziger in alter, zerschlissener Kleidung, und fordert den Lehrer auf zu schweigen. Allein mit dem Lehrer, bekennt er sich zu seiner Schuld. Er will nicht mehr kämpfen, weil er sein Schicksal als Sühne für seine damaligen Verbrechen akzeptiert hat. Der Lehrer eröffnet Ill daraufhin, dass seine Ermordung sicher sei und er selbst sich trotz seiner idealistischen Einstellung der Mittäterschaft schuldig machen werde.

Wenig später kommt der Bürgermeister mit einem Gewehr zu Ill und fordert ihn zum Selbstmord auf. Ill will seinen Mitbürgern die Verantwortung für ihr Tun jedoch nicht abnehmen und weigert sich, verspricht allerdings, ihren Urteilsspruch, wie auch immer er ausfalle, anzunehmen.

Zweimal Abschied (S. 109–118)

Vor der entscheidenden öffentlichen Gerichtsszene hat Dürrenmatt zwei private Szenen eingefügt, in denen Ill Abschied nimmt, zuerst von der Familie, dann von Claire.

Auch **Ills** Familie genießt den Wohlstand als Vorgriff auf den dadurch notwendig werdenden Mord. Seine Frau trägt jetzt einen Pelzmantel, seine Tochter studiert Literatur und nimmt Sprachkurse sowie Tennisunterricht. Der Sohn hat sich ein Auto gekauft, das Ill bewundert. Auf seine Bitte hin unternimmt die Familie gemeinsam eine Spazierfahrt. Sie fahren durch eine völlig sanierte Gegend und begegnen den Güllener Aufsteigern in ihren schicken Autos. Dadurch wird Ill erneut vor Augen geführt, dass mit seinem Tod fest gerechnet wird, was er gelassen erträgt. Im Konradsweilerwald, der wieder von Güllener Bürgern fingiert wird, steigt er aus, während seine Familie weiterfährt, um ins Kino zu gehen.

Claire besucht mit kleinem Gefolge ebenfalls den Wald, um wiederum den Erinnerungen an ihre frühere Liebe nachzuhängen, und setzt sich zu Ill. Sie unterhält sich mit Ill über die Vergangenheit. Dabei erfährt er, dass ihr gemeinsames Kind früh starb. Er teilt ihr gefasst mit, dass er an diesem Abend von seinen Mitbürgern getötet werden wird. Claire erinnert ihn an seinen Verrat und sagt ihm, dass sie ihren Traum von Liebe und Vertrauen durch seinen Tod wieder aufleben lassen will. Deshalb habe sie ihm auf Capri ein prachtvolles Mausoleum errichtet.

Die Gemeindeversammlung (S. 119–134)

Wie die ersten beiden Akte, so endet auch der dritte mit einer Versammlung der Güllener Bürger. Diesmal ist sie allerdings formeller Art. Im Theatersaal der Gaststätte wird gewissermaßen ein Spiel im Spiel, eine Art Theater in zwei Akten aufgeführt: Der erste Akt ist ein Schauprozess für die Öffentlichkeit, der zweite findet ohne sie statt, weil Ill nun vom Kollektiv seiner Mitbürger ermordet wird.

Zunächst (S. 119–127) erfolgt in Anwesenheit der Medien eine **Abstimmung der Güllener**. In allgemeiner Weise wird die Frage behandelt, ob man Claire Zachanassians großzügige Schenkung sowie die damit verknüpfte Bedingung annehmen solle, nämlich Sühne für vergangenes Unrecht zu leisten und damit die Gerechtigkeit in Güllen wiederherzustellen. Die entscheidende Rede hält der Lehrer. Ill, der als Initiator und Gründer der

Stiftung ausgegeben wird, der das Geld angeblich zufließen soll, erklärt sich mit dem Ergebnis der Abstimmung einverstanden.

Nachdem die versammelte Gemeinde sich per Handzeichen mit dem Vorschlag einstimmig einverstanden erklärt hat, erfolgt eine Art liturgisches Zwiegespräch des Bürgermeisters mit seinen Bürgern, in dem man sich erneut auf die Gerechtigkeit beruft und finanzielle Motive weit von sich weist. Ill schreit auf, bleibt aber dann zur Enttäuschung des Kameramanns – der den Schrei als Freudenschrei aufgefasst hat – stumm, als die Abstimmung und der psalmartige Dialog wegen einer aufnahmetechnischen Panne wiederholt werden müssen.

Die Presseleute und die Frauen werden dann zu einem vorbereiteten Imbiss hinausgeschickt. Auch Ill will gehen, wird aber vom Polizisten daran gehindert. Nun folgt der **zweite, nichtöffentliche Teil** der Versammlung (S. 127 bis 132). Die Männer aus Güllen bilden eine Gasse, durch die Ill geht. Sie umschließen ihn, ähnlich wie am Ende des zweiten Aktes, als er auswandern wollte. Einer tötet ihn, wahrscheinlich der Turner, den Claire bereits kurz nach ihrer Ankunft gefragt hatte, ob er schon einmal jemanden erwürgt habe. Als die Vertreter der Medien wieder den Saal betreten, stellt der Arzt amtlich Ills Tod durch Herzschlag fest, und zwar aus Freude, wie der Bürgermeister ergänzt.

Ills Leichnam wird der alten Dame überbracht. Sie gibt Auftrag, ihn in den Sarg zu legen. Dann überreicht sie dem Bürgermeister den Scheck und verlässt mit dem Sarg die Stadt.

Das Stück schließt mit einem Chorlied der reich gewordenen Güllener (S. 132–134), in dem diese die Schrecken der Armut beklagen und ihren neuen Reichtum und die abreisende Wohltäterin preisen.

Textanalyse und Interpretation

1 Die Figuren

Überblick

Im Personenverzeichnis seines Stücks nimmt Dürrenmatt eine Einteilung seines Personals in zwei Haupt- und zwei Nebengruppen vor. Er unterscheidet „Die Besucher" und „Die Besuchten" von den „Sonstigen" und den „Lästigen".

Zu den „**Sonstigen**" gehören das Eisenbahnpersonal und der Pfändungsbeamte, also Personen, die von außen kommen und lediglich einen vorübergehenden dienstlichen Bezug zu Güllen haben: Der Zugführer lässt sich von der alten Dame bestechen (S. 22–24), der Pfändungsbeamte stellt den Bankrott Güllens gewissermaßen amtlich fest (S. 16 f.).

Wenn Dürrenmatt die Presseleute als „**Die Lästigen**" bezeichnet, so kommt darin seine kritische Haltung der Presse gegenüber zum Ausdruck. Er führt vor, dass die Medien der Öffentlichkeit kein zutreffendes Bild der Wirklichkeit vermitteln können und wollen, weil sie nur wiedergeben, was ihnen vorgespielt wird, und weil sie sich zu schnell zufriedengeben und nicht weiter nachfragen. Sie sind nicht an der Wahrheit, sondern nur an einer Geschichte interessiert, die sich gut verkaufen lässt. Vor allem wird deutlich, dass die Güllener unter sich bleiben und **keine Einmischung** von außen wollen. Sie befürchten, dass das Geschäft Mord gegen Geld, auf das Claire Zachanassians Angebot hinausläuft, nicht zustande käme, wenn der wahre Sachverhalt bekannt würde. Deshalb achten sie auf Geheimhaltung und schicken die Journalisten am Ende des Stücks zum Buffet, bevor sie Ill hinter verschlossenen Türen umbringen.

Als „**Besucher**" und „**Besuchte**" stehen sich die relativ kleine Gruppe der **alten Dame** und ihres Gefolges einerseits und die große der **Güllener** andererseits gegenüber. Beide Gruppen sind die Träger der Handlung und des dramatischen Konflikts. Nur **Claire Zachanassian** unter den Besuchern und **Alfred Ill** bei den Besuchten werden mit Namen genannt und gewinnen dadurch **individuelle Züge**. Das ebenfalls namentlich genannte Fräulein Luise spielt nur eine unbedeutende, pantomimische Rolle (vgl. S. 57 f.) und kann vielleicht als eine Art moderne Doppelgängerin von Claire angesehen werden. Bei Claire ist schon im Personenverzeichnis ihr Mädchenname („geb. Wäscher") sowie als eine Art Berufsbezeichnung „Multimillionärin (Armenian-Oil)" hinzugefügt, während die spätere Hauptfigur Ill nur mit dem Nachnamen aufgeführt wird. Ills Vornamen erfährt man erst, als Claire Zachanassian nach ihrer Ankunft auf ihn zugeht (S. 25). Erst durch die Begegnung mit ihr und durch die damit verbundene Konfrontation mit seiner Lebensgeschichte scheint er wieder persönliche Züge zu gewinnen.

Diese zumindest ansatzweise individualisierenden Kennzeichnungen der beiden Hauptfiguren stehen in deutlichem Widerspruch zur bloßen Nennung des übrigen Personals. Sowohl Claires Begleiter als auch die Güllener sind **Typen**. Die Mitglieder von Claires Gefolge werden durch die Ähnlichkeit der Namen, die sich nur im Anfangsbuchstaben unterscheiden, völlig austauschbar. Noch deutlicher wird diese Tendenz zur Entpersönlichung bei den Gatten der Millionärin: Sie sind einfach von VII bis IX durchnummeriert.

Die Gruppe der „**Besuchten**" besteht aus den Bürgern der Stadt Güllen, wozu auch Ill, seine namentlich genannte Frau Mathilde (vgl. S. 37) und seine beiden Kinder gehören. Die städtischen **Honoratioren** – der Bürgermeister, der Pfarrer, der Lehrer und der Arzt – werden mit ihrer Berufsbezeichnung genannt. Ihr Beruf bestimmt auch ihre Funktion im Geschehen. Dabei erhält der Arzt im Verlauf der Handlung einen Namen (S. 30), vielleicht, weil er den amtlichen Totenschein ausstellt. Die übrigen Güllener bleiben blass. Sie sind völlig auswechselbare Typen, treten gleichsam nur als Nummern in Erscheinung und werden ironischerweise als solche auch im Personenverzeichnis aufgeführt: etwa „Der Erste" oder „Zweite Frau"; und als ob er ihre Auswechselbarkeit noch zusätzlich betonen möchte, lässt Dürrenmatt die Güllener gelegentlich auch als Darsteller von Waldbäumen in Erscheinung treten (vgl. S. 35 f. und 112).

Die Figuren

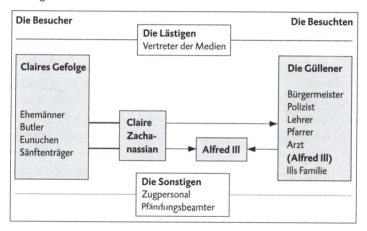

1. Die Besucher

Claire Zachanassian – die Rachegöttin

Einerseits ist Claire eine **individuelle Figur**, worauf ihr jetziger Name, ferner ihr Mädchenname Klara Wäscher, besonders aber ihr individuelles Schicksal verweisen. Als Kind der Stadt kennt sie noch genau die Orte, an denen sie sich früher mit ihrem Geliebten traf, zum Beispiel die Petersche Scheune und den Konradsweilerwald. Ihr **Lebenslauf** könnte der Regenbogenpresse entstammen: Dorfschönheit, Herkunft aus Armut und Not, vom Liebhaber schwanger, dann von ihm verraten und verlassen, mit Schimpf und Schande verjagt, das Kind in Pflege, wo es nach einem Jahr stirbt, Aufenthalt in einem Bordell, dort Bekanntschaft und Heirat mit einem Multimilliardär, nach dem Tod ihres Mannes Witwe und die „reichste Frau der Welt" (S. 142), die Gatten tauschend wie andere Leute die Hemden, umschmeichelt von den Schönen und Reichen sowie von den politischen und wirtschaftlichen Führern der Welt, schließlich als Wohltäterin ihrer Heimatregion auftretend. Dürrenmatt hat den Nachnamen seiner Hauptfigur aus den Namen legendärer Unternehmer der Realgeschichte zusammengesetzt (vgl. S. 141): *Zacharoff* war ein Munitionsfabrikant aus der Zeit des Ersten Weltkrieges, *Onassis* ein griechischer Großreeder nach dem Zweiten Weltkrieg und *Gulbenkian* ein Ölmilliardär aus Armenien.

Aber Claire Zachanassian, Dürrenmatts eigentliche „Heldin" (vgl. *Anmerkung I* des Autors zu seinem Stück, S. 143), macht im Gegensatz zu ihrem früheren Freund Alfred Ill während des Geschehens **keine Entwicklung** durch. Sie bleibt immer dieselbe. Dürrenmatt schreibt, sie sei etwas „Unabänderliches, Starres geworden", da „sie sich außerhalb der menschlichen Ordnung bewegt" (S. 143). Das wird im Stück auch daran deutlich, dass sie fast durchgehend außerhalb des Geschehens bleibt. Nur einmal greift sie ein: als sie die Milliarde für Ills Tötung bietet. In der übrigen Zeit wartet sie auf dem Balkon, aber dieses Warten treibt die Handlung an. Durch ihre Forderung setzt sie den Prozess der Korrumpierung der Güllener in Gang.

Erscheinung
Schon von Claires äußerem Erscheinungsbild geht eine unheimliche Wirkung aus. Ihre Prothesen verleihen ihr etwas Automatenhaftes und Monströses und veranschaulichen auf diese Weise, dass sie „außerhalb der menschlichen Ordnung" steht. Sie wirkt komisch und bedrohlich zugleich: Sie trägt ein *„Perlenhalsband"*

und „riesige goldene Armringe", ist auf „unmöglich[e]" Weise „aufgedonnert", erscheint aber „trotz allem Grotesken" als eine „Dame von Welt", die „mit einer seltsamen Grazie" ausgestattet ist (S. 21 f.). Durch ihr extravagantes Gefolge wird die schillernde Wirkung, die von ihr ausgeht, noch unterstrichen. Die Personen ihrer Begleitung und einzelne Gegenstände ihres Gepäcks erscheinen gewissermaßen als persönliche Attribute, die dazu beitragen, sie näher zu charakterisieren: „[K]augummikauende Monstren" tragen ihre Sänfte (S. 31), ein Butler sowie zwei unentwegt gleichzeitig plappernde blinde Eunuchen begleiten sie. Zur größten Irritation der Güllener führt sie außer einem Panther noch einen Sarg mit sich.

Elisabeth Berger als Claire Zachanassian in Olga Wildgrubers Inszenierung des „Besuchs der alten Dame" im Theater Kanton Zürich in Winterthur im Jahr 2006

Der groteske Eindruck kommt aber vor allem dadurch zustande, dass Claire aufgrund ihrer Prothesen halb Mensch, halb mechanische Gliederpuppe ist. Lebendiges ist Künstlichem gewichen. Die in ihrer Jugend gefühlsbetonte Frau ist zu einem „Götzenbild" aus Stein (Kommentar des Autors, S. 143) geworden. Sie hat im gleichen Zuge aufgehört, sich menschlich zu verhalten. Wenn sie permanent ihre Männer wechselt, dann ist das weder das schamlose Verhalten einer Hure, wie der Lehrer meint (S. 102, vgl. auch S. 34), noch eine Frage nachlassender geistiger Kräfte (vgl. S. 66). Es ist vielmehr ein Zeichen dafür, dass sie die Menschen nur unter dem Gesichtspunkt ihres Warenwertes und ihrer Verwendbarkeit betrachtet. Auch einen Mann hält sie sich, wie sie zynisch formuliert, „zu Ausstellungszwecken, nicht als Nutzobjekt" (S. 114).

Ankunft

Schon die Inszenierung ihrer Ankunft in Güllen macht deutlich, dass Claire mit den üblichen Maßstäben menschlicher Ordnung nicht zu messen ist. „Die Naturgesetze sind aufgehoben" (S. 21), stellt der Bahnhofsvorsteher fest, als der Schnellzug in Güllen anhält. Tatsächlich hat Claire lediglich, wie sie es gewohnt ist, die Notbremse gezogen und sich damit über alle üblichen Vorschriften und über den Fahrplan hinweggesetzt. Sie richtet sich weder nach solchen Regeln noch nach irgendeiner allgemeinverbindlichen „Weltordnung", sondern erklärt: „mit meiner Finanzkraft leistet man sich eine Weltordnung"; man macht seine eigenen Gesetze. Im Falle von Claire bedeutet das, dass sie die Welt, die sie „zu einer Hure" gemacht hat, nun im Gegenzug „zu einem Bordell" macht (S. 91), in dem Liebe zu käuflicher Ware reduziert ist.

Zeit

Obwohl Claire ihr Alter nicht verschweigt, will sie die Zeit aufheben (vgl. S. 49), konserviert ihre alte Liebe und akzeptiert nicht die Verjährung von Ills Schuld. So erinnert sie sich an die Situation, in der Ill sie zum ersten Male auf dem Balkon sah (vgl. S. 78 f.), und besucht die Orte, an denen sie mit ihm glücklich war. Den „Traum von Leben, von Liebe, von Vertrauen" (S. 117) hat sie nicht vergessen, obwohl Ill sie verraten und verletzt hat. Weil sie „die Vergangenheit ändern" (S. 117) will, heiratet sie als Ersatz für die nicht zustande gekommene Hochzeit mit Ill ihren neuen Mann im Güllener Münster mit der Begründung: „Jugendträume muß man ausführen." (S. 42) Mittlerweile kann sie es sich leisten, um jeden Preis durchzusetzen, was sie sich vorgenommen hat. Dennoch wird deutlich, dass der Zeitpunkt unumkehrbar verpasst ist, zu dem die Erfüllung ihres Wunsches, im Güllener Münster getraut zu werden, sie noch mit echtem Glück erfüllt hätte. Nunmehr ist die Hochzeit nichts weiter als eine zynische – und, je nach Perspektive, auch melancholische – Demonstration ihrer Selbstbehauptung.

Die Vergangenheit zurückzuholen ist für sie nur durch den Tod ihres früheren Geliebten möglich. Deshalb erzwingt sie seine Ermordung und bringt seine Leiche in den Park ihres Palastes auf Capri. Sie konnte vor 45 Jahren nicht bei ihm bleiben und will ihn deshalb jetzt in ihrer Nähe haben (vgl. S. 117). Ihre Gefühle Ill gegenüber sind sowohl vom Wunsch nach Rache wie von Liebe bestimmt. Dort, wo sie vor Jahrzehnten begonnen haben, können sie nicht weitermachen. Auch Claire kann die Zeit nicht zurückdrehen. Sie ist realistisch genug, das zu erkennen. Sie, die bereits außerhalb der menschlichen Ordnung steht, die mehr tot als lebendig ist – auch wenn sie von sich sagt, sie sei „nicht umzubringen" (S. 40; sie hat als einzige Passagierin einen „Flugzeugabsturz in Afghanistan" überlebt) –, kann Ill keine Liebe mehr einflößen; und auch sie kann ihn erst wieder lieben, wenn ihre Rache gestillt ist. Seinen Tod nimmt sie dabei ungerührt in Kauf.

Ill nennt sie auf ihr Verlangen hin „Wildkätzchen" und „Zauberhexchen" (S. 26), weil er aus Berechnung – um sich als Vermittler des Geldsegens und als kommender Bürgermeister zu profilieren – die zurückliegenden 45 Jahre ausblenden und die Zeit ihrer Liebe wieder ins Bewusstsein heben will. Aber sein

Versuch scheitert, die Vergangenheit und auch die Gegenwart zu verklären. Claire durchbricht immer wieder die Illusion und den schönen Schein, alles sei so wie früher. Sie sagt ihm schonungslos die Wahrheit über sich selbst, ihren Körper und über ihn. (vgl. S. 26, 39). Diese Schonungslosigkeit ist Teil ihrer Rache an Ill. Das „Wildkätzchen" von einst ist zur Raubkatze geworden, die rücksichtslos ihre Macht gebraucht, und das „Zauberhexchen" verwandelt die Güllener in Mörder.

Rache

An den so genannten abendländischen Werten, auf die sich die Güllener in scheinheiliger Weise berufen, bevor sie ihren Mitbürger Ill aus Geldgier töten (vgl. S. 121), und der überkommenen Moral liegt Claire nichts mehr. Deshalb hat sie keine Skrupel, ihren von langer Hand geplanten **Rachefeldzug** in die Tat umzusetzen:

- Sie macht dem Oberrichter von Güllen, der sie seinerzeit verurteilte, ein so großzügiges Angebot, dass er als Butler in ihre Dienste tritt (vgl. S. 45 f.).
- Sie stellt zwei Schwerverbrecher als Sänftenträger und Leibwächter ein (vgl. S. 30 f.).
- Sie macht in Kanada und Australien die beiden bestochenen Zeugen dingfest, lässt sie durch ihre Leibwächter blenden und kastrieren und gliedert sie als lebendige Symbole ihrer weltumspannenden Rache in ihr Gefolge ein (vgl. S. 48).
- Sie zerstört durch Strohmänner das wirtschaftliche Umfeld und die Infrastruktur Güllens, indem sie Werke und Fabriken der Region aufkauft und stilllegt (vgl. S. 89 f.).
- Sie macht sich in den Nachbargemeinden als Wohltäterin einen Namen, sodass sich die Güllener von ihr ebenfalls Wohltaten erhoffen (vgl. S. 15).

Das **Ergebnis** ist, dass die Güllener Claires perfidem Plan so gut wie ausgeliefert sind. Sie kennt aufgrund ihres bewegten Lebens die verlockende Wirkung des Geldes, die Macht der Gewohnheit und die Schwäche der Menschen. Deshalb kann sie in Ruhe abwarten, ob die abendländischen Werte, nach denen zu leben die Güllener behaupten (vgl. S. 50), ausreichen, einen Mord zu verhindern.

Der humanistisch gebildete Lehrer vergleicht Claire schon bald nach ihrer Ankunft mit einer „Parze", einer griechischen Schicksalsgöttin, die „Lebensfäden spinnt" (S. 34), später zudem mit Medea (vgl. S. 90), der antiken Tragödienfigur, die gewissermaßen die Idee der unerbittlichen Rache personifiziert (Medea tötet aus Hass gegen ihren Mann, der sie wegen einer anderen Frau verlassen hat, diese andere Frau sowie ihre eigenen Kinder). Der Verlauf der Handlung gibt ihm Recht. Sogar Claire selbst rückt sich in die Sphäre des Mythos, wenn sie im Gespräch mit Ill sagt: „Und ich bin die Hölle geworden." (S. 38)

Claires Werdegang

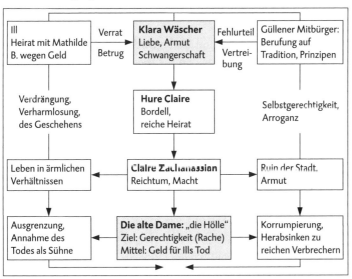

Claires Gefolge

Noch verstärkt wird die Wirkung von Claire Zachanassians eigenartiger Erscheinung durch ihr ebenso abnormes Gefolge. Die Individualität von Boby, Toby, Roby, Koby und Loby scheint sich in den abweichenden Anfangsbuchstaben ihrer Namen zu erschöpfen. Der Reim zeigt wie die Nummerierung der Gatten, dass diese Figuren nach der Auffassung von Claire – sie hat den Bediensteten die Namen gegeben und die Ehemänner nummeriert – auswechselbar sind.

Bei näherem Hinschauen werden jedoch Unterschiede deutlich. Hinter dem Butler **Boby** verbirgt sich der ehemalige Güllener Oberrichter Hofer, der Claire aufgrund von falschen Zeugenaussagen vor 45 Jahren verurteilen musste (vgl. S. 45 f.). Er führt jetzt in ihrem Auftrag eine Art Revisionsprozess gegen Ill, befragt erneut die damaligen Zeugen, klagt Ill an und resümiert: „Ein Richter, ein Angeklagter, zwei falsche Zeugen, ein Fehlurteil im Jahre 1910." (S. 48) Er verkörpert die aufklärende Funktion der Justiz, allerdings im Dienst der Macht, von der sie sich hat kaufen lassen.

Claires Sänftenträger und Bodyguards **Toby** und **Roby**, zwei zum Tode verurteilte, aber von ihr freigekaufte Verbrecher (vgl. S. 30 f.), werden von ihr als Vollstreckungsgehilfen ihrer Rache an **Koby** und **Loby** benutzt, den beiden Männern, die damals als Zeugen durch ihren Meineid das Unrecht an ihr ermöglicht haben (vgl. S. 47 f.). Claire hat ihnen ihren Charakter als Personen mit unverwechselbaren Eigenschaften und selbst bestimmtem Handeln genommen. Um diesen Verlust ihrer ursprünglichen Identität noch zu betonen, werden ihre wirklichen Namen bei der Befragung durch den ehemaligen Oberrichter Hofer gleich mehrmals genannt (S. S. 47 f.). Claire hat sie blenden lassen, weil diese bewusst, gleichsam sehenden Auges Meineide geschworen haben. Sie hat sie entmannen lassen, weil sie bezeugt haben, mit ihr geschlafen zu haben. Sie sind zu Claires Instrumenten, zu geistlos plappernden Automaten geworden und verkörpern in ihrem willenlosen Zustand das Schicksal, das den Güllenern im übertragenen Sinne bevorsteht: Diese werden vom Wohlstand geblendet und ihrer Moral beraubt. Auch sie verlieren ihre Individualität und werden ebenfalls zu Claires willenlosen Werkzeugen.

Mit ihrem Schicksal haben sich die Kastraten abgefunden, sie reagieren erstaunt, als sie der Polizist als „Männer" (S. 32) bezeichnet und scheinen sich, wie Dürrenmatt anmerkt, wohl zu fühlen in „ihrem pflanzenhaften Glück" (S. 143) im Umfeld der Claire Zachanassian. Ebenso wohl fühlen sich auch die willenlosen, unmoralisch gewordenen Güllener in ihrer schönen, neuen Konsumwelt. Wie Claire die Männer ihres Gefolges gekauft hat, so kauft sie auch die Güllener insgesamt.

Bei den Kastraten greift Dürrenmatt das in der Literatur oft zur Veranschaulichung einer Identitätsproblematik verwendete **Doppelgängermotiv** auf. Er bezeichnet sie als die *„beiden"* (S. 32). Die Doppelung ihres Verhaltens und Sprechens wirkt komisch, erscheint jedoch zugleich auch unheimlich, weil sie die Unverwechselbarkeit und die Einmaligkeit jedes Menschen infrage stellt.

2. Die Besuchten

Ill spielt als Gegenspieler der Besucherin Claire Zachanassian und als Mensch, der eine Entwicklung durchleidet, eine Sonderrolle. Das **Kollektiv der Güllener** wird repräsentiert durch Amtspersonen – den Bürgermeister und den Polizisten – sowie durch Akademiker: den Pfarrer, den Arzt und den Lehrer. Diese verkörpern die gebildete Schicht und fühlen sich als Hüter der humanistischen Tradition. Sie formulieren, was alle denken. Ihr Scheitern im Umgang mit Claires Forderung spiegelt das moralische Scheitern der ganzen Stadt.

Alfred Ill – der mutige Mensch

Ill als Güllener Bürger

Durch Claires Bedingung wird Alfred Ill nicht nur zu ihrem Gegenspieler, sondern auch zu dem der Güllener. Sie geraten immer mehr in Schuld(en), er hingegen macht eine Wandlung durch, wenn auch nicht freiwillig. Dürrenmatt schreibt, im Gegensatz zu Claire, die schon zu Anfang eine „Heldin" sei, werde Ill erst im Verlauf des Geschehens zum „Helden" (S. 143). Vermutlich ist sein Familienname vom englischen Adjektiv *ill* („böse", „krank") hergeleitet. Er könnte damit die anfängliche soziale und moralische Verfassung seines Trägers kennzeichnen.

Anfangs ist Ill ein dummschlauer, verantwortungsloser und **gedankenloser Kleinbürger**. Er akzeptiert den Auftrag, seiner früheren Freundin Geld zu entlocken. Weil er psychologisch raffiniert vorgehen will, versucht er krampfhaft, sie durch plumpvertrauliches Verhalten und Heuchelei spendenwillig zu machen. Er vertraut noch immer auf seine frühere Wirkung auf Claire als Liebhaber.

Ihr gegenüber scheut er sich nicht, die Vergangenheit umzudeuten sowie das eigene Verhalten zu beschönigen und völlig zu verfälschen. Grund für die Trennung sei nicht das Geld seiner späteren Frau gewesen. Vielmehr sei ihm damals Claires Wohlergehen wichtiger gewesen als das seine. Deshalb habe er auf sie verzichtet. Danach habe er als armer „verkrachter Krämer" in einer „Hölle" gelebt (S. 38). Vom Leugnen seiner Vaterschaft und von bestochenen Zeugen spricht er nicht, das **verdrängt** er, obwohl ihn der Pfarrer fragt, ob er ihm „etwas zu gestehen" habe (S. 18). „Das Leben" habe damals die Liebenden getrennt, behauptet Ill (S. 18, 39).

Ills Kampf um sein Leben

Aber Ill wird von der Vergangenheit eingeholt. Zuerst **leugnet** er seine Schuld und behauptet, damals sei er „jung und unbesonnen" (S. 46) gewesen. Die „alte, verrückte Geschichte" sieht er als längst erledigt an, und das Leben sei ja weitergegangen (S. 48). Dass er Claire verlassen hat, ist für ihn am Anfang des Geschehens „ein böser Jugendstreich" (S. 56). Er glaubt fest, die auf dem Balkon wartende Claire habe „sich verrechnet" (S. 56), denn die Güllener stünden zu ihm (vgl. S. 51 und 56).

Wolfgang Kraßnitzer als Alfred Ill am Staatstheater Darmstadt (2006).
Das Bühnenbild stammt von Stefan Heyne, die Regie führte Hermann Schein.

Aber dann trennt sich sein Schicksal immer mehr von dem seiner Mitbürger. Er erkennt durch die Käufe in seinem Laden, besonders durch die „gelben Schuhe", die alle tragen, immer deutlicher die **Bewusstseinsveränderung seiner Mitbürger** und seine zunehmend gefährlicher werdende Lage. „Die Stadt macht Schulden. Mit den Schulden steigt der Wohlstand. Mit dem Wohlstand die Notwendigkeit, mich zu töten." (S. 65) Er merkt, dass die Güllener in eine Situation hineingeraten, die ihnen selbst nicht geheuer ist: „Keiner will mich töten, jeder hofft, daß es einer tun wird, und so wird es einmal einer tun." (S. 71) Seine Isolation nimmt zu.

In dieser Situation wird er **aktiv** und **kämpft** um sein Leben. Vergeblich sucht er jedoch Hilfe bei den Vertretern der staatlichen Ordnung und der Kirche. Alle rücken von ihm ab und bewerten sein früheres Verhalten immer härter. Hinzu kommt, dass sich das Umfeld gefährlich verändert: Seine Post wird von der lokalen Postbehörde nicht befördert, alle sind bewaffnet und der schwarze Panther wird vor seinem Laden erschossen. Ill bezieht die Jagd auf sich. Deshalb will er Güllen verlassen, was ihm nicht gelingt. Nach dem Scheitern dieses Fluchtversuchs erkennt er die Aussichtslosigkeit seiner Lage (vgl. S. 84 f.).

Ills Tod
Parallel zum sittlichen Verfallsprozess der Güllener erfolgt **Ills Wandlung** zu einem Menschen, der sich zu seiner **Schuld** bekennt und den Tod als Sühne dafür akzeptiert. Dürrenmatt führt diese Wandlung nicht auf der Bühne vor. Er macht sie indirekt deutlich, indem er Ills Frau feststellen lässt, ihr Mann gehe „im Zimmer herum. Seit Tagen" (S. 93). Als Ill im dritten Akt als ein Gewandelter wieder auftritt (S. 99), stellt er sich der Realität. Dem Lehrer gegenüber bezeichnet er sich nun als den, der „Klara zu dem gemacht" habe, „was sie ist": „Alles ist meine Tat, die Eunuchen, der Butler, der Sarg, die Milliarde." (S. 102 f.) In seinen Anmerkungen bezeichnet ihn Dürrenmatt als „ein gedankenloses Mannsbild, […] dem langsam etwas aufgeht, durch Furcht, durch Entsetzen, etwas höchst Persönliches; an sich erlebt er die Gerechtigkeit, weil er seine Schuld erkennt" (S. 143).

Deshalb glaubt Ill, „kein Recht" (S. 102) mehr zu haben, um sein Leben zu kämpfen. Entsprechend will er nicht, dass sich der Lehrer an die Öffentlichkeit wendet. Damit zeigt er sein inneres Einverständnis mit dem erwarteten Handeln der Güllener.

Seine **Bereitschaft zur Sühne seines Fehlverhaltens** wird letztlich durch den Druck seiner Mitbürger herbeigeführt. Aber er hätte sich auch anders verhalten, sich auflehnen oder als unschuldiges Opfer betrachten können. Dürrenmatt nennt ihn einen „Helden", der „groß durch sein Sterben" werde (S. 143). Geschmälert wird dieses Verhalten auch nicht dadurch, dass Ill sich vor seinem Tode fürchtet (vgl. S. 128 f.).

Der Vorschlag des Bürgermeisters, Ill solle sich „aus Gemeinschaftsgefühl" selbst töten (S. 108), ist der letzte Versuch, Wohlstand ohne Mord zu erreichen. Aber weil er selbst „durch eine Hölle gegangen" ist (S. 108), will Ill seine Mitbürger nicht aus ihrer angemaßten Richterrolle entlassen und ihnen das Verbrechen seiner Ermordung nicht ersparen. Die Angst, die er alleine ausstehen musste, bevor er seine „Furcht" besiegen konnte (S. 109), hat sein Gemeinschaftsgefühl völlig zerstört.

Deshalb lehnt er den Vorschlag des Bürgermeisters ab, verspricht jedoch, nicht zu protestieren und sich nicht zu wehren und das Urteil seiner Mitbürger anzunehmen. Auf diese Weise büßt er selbst und zwingt gleichzeitig die Güllener in Schuld. Dies geschieht „mit einer Erbarmungslosigkeit [...], die der Claires nicht nachsteht" (Profitlich 1977, S. 338).

Sinn des Todes
Für Dürrenmatt ist Ills Tod „sinnvoll und sinnlos zugleich" (S. 143). **Sinnvoll** ist er für Ill, weil er auf diese Weise seine Schuld zu büßen glaubt. In seiner Person stellt Dürrenmatt dar, dass sich der Einzelne auch in einer korrupten Gesellschaft zu seiner persönlichen Schuld bekennen und Verantwortung übernehmen kann.

Aus anderer Perspektive aber ist sein Tod letztlich **sinnlos**, weil er seine **Privatangelegenheit** ist, politisch völlig folgenlos bleibt und das Verhalten der Gemeinschaft nicht beeinflusst. Seine Abwendung von der Gesellschaft dient nicht so sehr der Kritik an ihrer Korruptheit, sondern der Bewältigung seines eigenen moralischen Versagens. Ill ist aufgrund seiner spät ans Licht gekommenen Vergangenheit nicht in der Position, seinen Mitbürgern den Spiegel vorzuhalten. So kommt es zu keiner Bewusstseinsveränderung der Täter, wie sie sich im klassischen

Drama der Antike vollzieht. Dürrenmatt schreibt deshalb: „Sinnvoll wäre er [Ills Tod] im mythischen Reich einer antiken Polis […]." (S. 143) Aber in der Gegenwart, in der Stadt Güllen, tritt „an die Stelle der Reinigung der Polis […] die Befleckung, an die Stelle der Erneuerung die Fortführung der altgewohnten ‚Wurstelei'." (Profitlich 1977, S. 339)

Ills Tod zeigt die **Hoffnungslosigkeit** einer Welt, in der moralisches Handeln eines Einzelnen keine gesellschaftliche Wirkung hat. Am Ende triumphieren die Güllener und erfreuen sich guten Gewissens ihres Wohlstandes.

Die Güllener und Ill

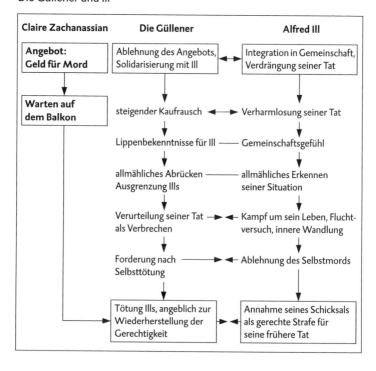

Ills Familie

Ills Frau und Kinder sind unauffällige Mitglieder des Gemeinwesens der Güllener. Wenn Ill zu Claire sagt, er habe, nachdem Claire ihn verlassen hatte, in einer „Hölle" gelebt und seine Familie habe ihm ihre „Armut" vorgehalten (S. 38), so will er Claire damit vorspielen, wie sehr er sie vermisst hat. Immerhin hat er eine relativ vermögende **Frau** geheiratet. Diese bekennt sich, als die Wahrheit über ihren Mann am Ende des ersten Aktes ans Licht kommt, zunächst spontan und öffentlich zu ihm (vgl. S. 49). Möglicherweise gibt sie damit den anderen Güllenern erst das Zeichen, sich ebenfalls mit Ill zu solidarisieren und den Täter aus ihren Reihen gegen die schockierende Forderung des ehemaligen Opfers in Schutz zu nehmen. Als sich jedoch die öffentliche Stimmung gegen ihren Mann wendet, lässt sie ihn im Stich. Sie freut sich über die immer besser gehenden Geschäfte und gibt vor, unter Ills Tat zu leiden (vgl. S. 93).

Ills Familie nimmt am allgemeinen Wohlstand teil. Ills Abschied von seinen Angehörigen vollzieht sich bezeichnenderweise auf einer gemeinsamen Spritztour mit dem neuen Auto des **Sohnes**. Die **Tochter** studiert Literatur, begreift jedoch den schicksalhaften Ernst der Lage ihres Vaters nicht. Er bleibt ihrer Oberflächlichkeit verborgen. Bei der Ausfahrt mit ihrem Vater, kurz vor dessen Ermordung, schwärmt sie stattdessen von einer Abendstimmung „wie bei Adalbert Stifter" (S. 111).

Am Beispiel von **Ills Frau** und **Kindern** führt Dürrenmatt vor, dass sogar die Familie gegenüber der Verführung durch Geld und Konsum keinen Widerstand leistet und ihren eigenen Vorteil sucht. Selbst für sie ist Ill auf dem Weg zum Wohlstand zu einer Belastung geworden. Wie die anderen Güllener ist sie auf seinen Tod angewiesen, will aber nicht daran beteiligt sein. Deshalb gehen Frau und Kinder nicht zur Gemeindeversammlung, sondern lenken sich im Kino ab, während Ill seinen letzten Gang, der den Wohlstand seiner Familie sichert, allein geht.

Polizist und Bürgermeister

Der **Bürgermeister** repräsentiert die Verwaltung der Stadt und damit die politische Macht in Güllen, für deren Durchsetzung der **Polizist** verantwortlich ist.

Bei seinem Versuch, sein Schicksal abzuwenden, wendet sich Ill zuerst an den **Polizisten** und verlangt von ihm Claires Verhaftung wegen Anstiftung zum Mord (vgl. S. 61 f.). Dabei beruft er sich auf seine zukünftige Stellung als Bürgermeister und begründet sein Ansinnen damit, dass die Stadt und ihre Bürger Schulden machen, die sie nur bezahlen können, wenn sie ihn töten. Der Polizist ist an diesem Konsumverhalten beteiligt. Deshalb kann er Claire schon im eigenen Interesse nicht verhaften. Er begründet seine Weigerung damit, dass ihre Forderung nicht ernst gemeint sein könne. Später steigert er sich, um sein Gewissen zu entlasten, wie andere Bürger der Stadt auch, in die Vorstellung hinein, dass Ill nicht schutzbedürftig, sondern vielmehr verabscheuungswürdig sei und nicht mehr auf einer Stufe mit ihm stehe. So ist sein Verhalten kurz vor der gemeinschaftlichen Tötung Ills zu erklären: „Steh auf, du Schwein. *Er reißt ihn in die Höhe.*" (S. 129) Der Bürgermeister ruft ihn daraufhin scheinheilig zur Ordnung: „Polizeiwachtmeister, beherrschen Sie sich." Der Polizist wiederum entgegnet: „Verzeihung. Es ging mit mir durch." Er gibt sich zerknirscht und glaubt sich dennoch im Recht: „Es" ist hier wohl als das „gesunde Volksempfinden" zu verstehen, als dessen Exponent der Polizist in dieser Situation glaubt auftreten zu dürfen.

Schon zu Beginn der Handlung fällt der **Bürgermeister** als Meister der Heuchelei und der Beschönigung auf, als er Claires Vergangenheit positiv umdeutet. Den Jargon der Politiker beherrscht er und hat die Fähigkeit, sich schnell der jeweiligen Situation anzupassen. Der Opportunist hat sowohl persönlich als auch als Amtsperson Anteil am geborgten Wohlstand. Deshalb ist auch er befangen und kann sich keine Verhaftung der

Besucherin leisten. Auf Ills Bitte um Schutz hin beschwört er zuerst die „humanistische Tradition" (S. 69) der Stadt und dann den „Rechtsstaat" (S. 69). Schließlich teilt er ihm mit, als Täter habe er „nicht das moralische Recht" (S. 70), Claires Verhaftung zu verlangen, da *sie* das Opfer sei. Ills Verdacht gegen seine Mitbürger bezeichnet er als „Verleumdung" (S. 71). An Ill glaubt er einen „nihilistischen Zug" (S. 69) festzustellen, unterstellt ihm also, er würde alle Werte verneinen. Wegen seiner moralischen Unzulänglichkeit könne er nicht mehr sein Nachfolger werden.

In dieser ersten Unterredung versucht der Bürgermeister noch einen Spagat: Man verurteile zwar immer noch Claires Forderung, aber man billige nicht die „Verbrechen", „die zu diesem Vorschlag geführt haben" (S. 70). Später erfolgt der Umschlag: Er deutet Claires Bedingung in eine gute Tat um, der Ill im Wege stehe. Deshalb will er ihn mithilfe eines Appells an sein Pflichtgefühl zum Selbstmord überreden (vgl. S. 108). Ill weigert sich, was der Bürgermeister als verpasste „Chance" wertet, „ein halbwegs anständiger Mensch zu werden" (S. 109). Als er dann die Abstimmung bei der Gemeindeversammlung leitet, sie wegen der Aufnahmepanne wiederholt und dabei die „heiligsten Güter" (S. 126) beschwört, treibt er seine Heuchelei auf die Spitze.

Der Arzt
Der **Arzt** repräsentiert den sozialen Bereich und ist für die Ausstellung des Totenscheins zuständig. Zwar reagiert er zu Beginn des Geschehens betroffen, als Claire ihn auffordert, „in Zukunft Herzschlag" (S. 30) festzustellen, aber er tut genau dies am Ende (vgl. S. 130) und zeigt damit, dass auch er sich hat korrumpieren lassen. Beim verzweifelten Versuch, zusammen mit dem Lehrer Claire dazu zu bewegen, ihr Vermittlungsangebot anzunehmen, verhält er sich zurückhaltend und überlässt zumeist dem Lehrer das Wort (vgl. S. 86–91). Auch er profitiert vom allgemeinen Wohlstand: Am Ende der Handlung ist er Besitzer eines „Mercedes 300" (S. 110).

Der Pfarrer

Der **Pfarrer** spielt insofern eine wichtige Rolle, als er die Kirche als Hüterin eines christlichen Menschenbildes vertritt. Erstaunlich für einen solchen Mann des Friedens ist, dass er sich ein Gewehr umgehängt hat. Zwar begründet er dies mit der Jagd auf den schwarzen Panther, Ill jedoch fühlt sich dadurch bedroht. Er glaubt sich auch vom Pfarrer im Stich gelassen, weil dieser nicht auf seine verzweifelte Bitte um Hilfe eingeht. Trotz der offenkundigen seelischen Not von Ill zeigt der Pfarrer keine echte Anteilnahme und flüchtet sich in Phrasen (vgl. S. 74).

Ills Verzweiflung deutet der Pfarrer – im Einklang mit seinem seelsorgerischen Amt, aber auch wider besseres Wissen – als inneren **Läuterungsprozess**. Er sagt, weil Ill Claire „um Geld" (S. 74) verraten habe, schlösse er nun von sich auf andere und meine, auch die Güllener würden ihn wegen des Geldes verraten. Damit gibt er Ill zu verstehen, dass seine Furcht vor den Güllenern lediglich auf einer **Projektion** beruhe. Diese Deutung wird, wie er selbst weiß, der wahren Lage nicht gerecht. Indem Ill sich mit seiner eigenen Tat auseinandersetzt, schafft er die Bedrohung, der er ausgesetzt ist, nicht aus der Welt. Dennoch tragen die Ermahnungen des Pfarrers dazu bei, dass Ill beginnt, die Furcht in seinem Herzen zu besiegen und sein Gewissen zu durchforschen (vgl. S. 74 f.).

Der Pfarrer hat vollen **Anteil an der Verdrängungsstrategie** seiner Mitbürger und an deren Konsumverhalten. Er beteiligt sich und die Institution, für die er steht, am wachsenden Wohlstand und rechnet deshalb mit Ills Tod. Die allgemeine Heuchelei durchbricht er nur kurz, als er seine und der Güllener Schwachheit gesteht, Ill zur Flucht rät und ihn anfleht, die Güllener durch sein Bleiben nicht in Versuchung zu führen (vgl. S. 75 f.). Aber es geht ihm dabei offenbar weniger um die Rettung Ills als um den Versuch, die Güllener vor einem Verbrechen zu bewahren.

Der Lehrer

Der Lehrer ist als Vertreter der **humanistischen Bildung** die moralische Instanz Güllens und spielt unter den drei Akademikern eine besondere Rolle. Als Grundlage seines Denkens sieht er die Philosophie der Antike.

Schon zu Beginn der Geschehnisse kommt ihm die Erscheinung Claire Zachanassians „[s]chauerlich" (S. 34) vor. Er vergleicht sie mit einer griechischen Schicksalsgöttin und später mit einer „Heldin der Antike" (S. 90). Zuerst will er das Geschehen in den Kategorien der griechischen Tragödie sehen, spricht von seiner Erschütterung und fühlt „antike Größe" (S. 35) in Anbetracht der vermuteten Großzügigkeit Claires. Sein Opportunismus deutet sich an, als er nach der Tötung des Panthers mit seinem Chor eine „Trauerode" (S. 77) auf den Tod des kostbaren Tieres singen lassen will.

Entscheidend für sein weiteres Verhalten ist der **missglückte Vermittlungsversuch**, den er – zusammen mit dem Arzt – in der Peterschen Scheune macht, um Claire zu überreden, nicht mehr auf Ills Tod zu bestehen (vgl. S. 89 f.). Seine Hoffnung auf eine Entschärfung der Forderung ‚Geld durch Mord' scheitert. Als er im Gespräch mit Claire auf seine Prinzipien verweist, muss er zugeben, dass Güllen sich hoch verschuldet hat, „trotz der Prinzipien" (S. 88), wie sie ironisch und entlarvend anmerkt. Er begründet das Verhalten mit der Schwäche des Menschen und zeigt damit, dass seine abendländischen Werte und Grundsätze nur leere Worte sind.

Der Arzt und der Lehrer erkennen die Ausweglosigkeit der Lage. Es bleibt das Entweder-Oder, ein Sowohl-als-Auch ist mit Claire nicht zu machen. Auf die verzweifelt Frage des Arztes hin, wie man sich zukünftig verhalten solle, antwortet der Lehrer pathetisch und doppeldeutig: „Was uns das Gewissen vorschreibt" (S. 91).

Das Verhalten des Lehrers zeigt, **wie problematisch das Gewissen als letzte ethische Instanz** ist. Zunächst folgt er ihm im Sinne der Menschlichkeit und bringt als Einziger die Kraft zur Selbstanalyse und zur Wahrheit auf. In Ills Laden nimmt er das Ende der Ereignisse vorweg. Er sieht den blutigen Ausgang voraus und ebenso, dass er daran beteiligt sein wird. Er gesteht ein, dass sein „Glaube an die Humanität [...] machtlos" ist, weil die „Versuchung [...] zu groß" und die „Armut zu bitter" sei (S. 103). Damit gibt er zu, dass die gerechtesten moralischen Grundsätze ohne Wirkung bleiben, wenn es um die materiellen Interessen der Menschen geht. Diese Erkenntnis des Scheiterns seiner bisherigen Grundsätze kann er nur betrunken ertragen. Er will jedoch über die Formulierung dieser Einsicht hinaus etwas zur Rettung seiner Grundsätze tun und fordert Ill vergeblich auf, die anwesende internationale Presse über die wahren Zusammenhänge zu informieren.

Als Ill dies ablehnt, gibt der Lehrer auf. Der „Humanist", „Freund der alten Griechen" und „Bewunderer Platos" (S. 99) kann zwar Werte wie Freiheit, Menschlichkeit und Gerechtigkeit am besten formulieren. Aber er kann auch das Verbrechen der Güllener in der Gemeindeversammlung am besten **rechtfertigen** und **beschönigen**. Dort missbraucht er die ererbten „Ideale" (S. 121), dazu, um den Mord an Ill zu rechtfertigen. Claire gegenüber hat er sie als Argumente benutzt, um den Mord zu vermeiden.

Der Lehrer verkörpert so das Klischee von der **Rolle der Intellektuellen in der Gesellschaft**. Er sieht sich als Wortführer, als derjenige, der für die Sinngebung zuständig ist. Diese Rolle füllt er auch aus, nachdem sich das Schlechte gegen das Gute durchgesetzt hat. Er steht somit „für die [...] Erfahrung, daß Kultiviertheit, statt gegen Barbarei des Handelns zu immunisieren, nur Raffinement und Subtilität der Rechtfertigungsstrategien steigert." (Profitlich 1977, S. 331)

2 Themen

Kapital oder Moral

Das Kollektiv
Die Güllener Bürger sind ein Kollektiv, das der alten Dame zunächst geschlossen als Gegenspieler entgegentritt. Die Güllener haben als Einzelne weniger Bedeutung. Zu diesem Kollektiv gehört anfangs auch Ill. Ihm ist sogar eine dominierende Rolle zugedacht, das Amt des Bürgermeisters. Nach der Aussetzung des Kopfgeldes auf ihn durch Claire Zachanassian wird er jedoch allmählich aus der Gruppe ausgegrenzt und schließlich zu ihrem Gegenspieler, während die Güllener von Gegnern zu Komplizen Claires werden.

Die Einwohner Güllens sind **durchschnittliche Menschen**, „jovial-gemütliche Biedermänner" (Profitlich 1977, S. 332). Bezeichnend ist schon die vor Claires Ankunft am Bahnhof geäußerte Anklage, Juden, Freimaurer, Hochfinanz und Kommunisten hätten den Ruin der Stadt herbeigeführt (vgl. S. 17). Bereits hier wird die Neigung der Güllener erkennbar, einen Sündenbock zu suchen, anstatt sich mit eigenem Versagen auseinanderzusetzen. Ihre spontane Empörung über Claires Angebot und die entrüstete Ablehnung der Offerte zeugen nicht so sehr von echter Mitmenschlichkeit als vielmehr davon, dass die Güllener in diesem Augenblick der Überraschung die Unmenschlichkeit von Claires Forderung zwar erkennen, jedoch noch nicht realisieren, was ihr Mitgefühl mit Ill sie kosten wird.

Verdrängungstechnik
Zuerst verdrängen die Güllener die von Claire diktierte Alternative, durch einen Mord zu Geld zu kommen oder in Armut moralisch zu leben. Spontan entschließen sie sich, lieber arm zu bleiben, als sich mit Blut zu beflecken (vgl. S. 50). Sie wollen keinen Mord begehen, aber sie wollen und können auf der an-

deren Seite auch immer weniger auf Claires Geld verzichten, je weiter sich das Geschehen entwickelt. Anfangs bestärken sie Ill in seiner Meinung, dass sie zu ihm stehen (vgl. S. 56 f.). Dann verharmlosen sie vor ihm den wachsenden Wohlstand, die Pantherjagd oder das Warten der Frau Zachanassian und leugnen eine Beziehung dieser Geschehnisse zu seiner Person.

„DER BÜRGERMEISTER: Auf dem Marktplatz bläst die Stadtmusik [...]." (S. 16)
Szene aus der Aufführung an der Münchner „Schauburg" aus der Spielzeit 2006/07

Wenn die Frauen gleichzeitig Schokolade essen und Ill die Wahl zum Bürgermeister versprechen (vgl. S. 55 und 57), so zeigt das, dass sie sich noch nicht über die Konsequenz ihres Verhaltens im Klaren sind und beides wollen, Reichtum und Moral. Spätestens jedoch auf dem Bahnhof, als die Güllener den verzweifelten Ill durch ihre Anwesenheit an der Flucht hindern, wird deutlich, dass sie mehr oder weniger bewusst auf seine Ermordung hinarbeiten (vgl. S. 80–85). Durch die Diskrepanz zwischen ihrem Reden und ihrem Handeln tritt ihre **Unaufrichtigkeit** zutage, obwohl man ihnen nicht unterstellen kann, dass sie Ill bewusst und planmäßig am Wegfahren hindern wollen.

Sich selbst und Ill beruhigen sie mit der Meinung, Claires Vorschlag könne wegen des aberwitzig hohen Kopfgeldes „nicht ernst gemeint" sein (S. 63). Sie hoffen, dass das Geld auch ohne Mord zu haben sei, und wollen das Unvereinbare vereinbar machen, wollen reich sein, ohne dafür mit einem Mord bezahlen zu müssen. Dürrenmatt schreibt, dass die Güllener nicht den Vorsatz haben, Ill zu töten, sondern dass sie „aus Leichtsinn" handeln, „aus einem Gefühl heraus, es lasse sich alles schon arrangieren" (S. 143). Deshalb machen sie Claire den Vorschlag, die regionale Industrie zu sanieren (vgl. S. 87–91). Erst nach dem Scheitern dieses Vorschlags wird ihnen die Unauflösbarkeit ihres Dilemmas bewusst.

Umschwung
In dem Maße, in dem der Wohlstand wächst, nimmt die Kritik an Ills früherem Verhalten Claire gegenüber zu. Sein „böser Jugendstreich" (S. 56), als den Ill die Sache selbst bewertet, wird allmählich als eine „üble Affäre" (S. 71) und dann als „Verbrechen" (S. 70, 126) gesehen, das für den Bürgermeister darin besteht, „zwei Burschen zu Meineid angestiftet und ein Mädchen ins nackte Elend gestoßen" zu haben (S. 70).

Mit dem Urteil über die Tat ändert sich die Beurteilung des Täters. Die verbalen Aggressionen gegen Ill häufen sich. Er erfüllt plötzlich nicht mehr „gewisse Forderungen sittlicher Natur" (S. 70 f.) an einen Bürgermeister und wird unter dem Einfluss des Kopfgeldes zum Gegenstand des „Volkszorn[s]" (S. 93), zum „Halunken", zum „Schuft" (S. 101) und schließlich zum „Schwein" (S. 129). Der Gegensatz zwischen dem verbalen Bestehen auf Moral und ihrem tatsächlichen Verfall wird in diesen Ausfällen greifbar. „Je offener die Bevölkerung Ill verurteilt, umso unmoralischer, brutaler wird ihr eigenes Verhalten." (Durzak, S. 101)

Die Güllener entscheiden sich unbewusst für die anfangs abgelehnte Möglichkeit, durch ein kollektives Verbrechen reich zu werden. Schlimm ist nicht nur, dass sie dies tun, schlimmer noch ist, dass sie dies mit **gutem Gewissen** tun. Es kommt bei ihnen nicht zu inneren Konflikten. Sie verdrängen, dass die Motive ihres Verhaltens hoffnungslose Verschuldung und Geldgier sind, und stellen die erstaunliche Fähigkeit unter Beweis, ihre Absicht, Ill zu töten, als sittliche Notwendigkeit umzudeuten und so zu rationalisieren.

Perversion von Werten
Schon zu Beginn stellen die Bürger stolz fest, dass Güllen eine „Kulturstadt" war, in der Goethe übernachtet und Brahms „ein Quartett komponiert" hat (S. 14 f.). Der Bürgermeister wiederholt diese Kennzeichnung Güllens als eine Stadt mit „humanistischer Tradition" (S. 69). Er will allerdings Ill mit diesem Hinweis beruhigen und ihn loswerden. Dies zeigt schon die vielseitige Verwendbarkeit der „heiligsten Güter" (S. 125), wie er die gemeinsamen Werte, auf denen die kollektive Identität der Güllener beruht, dann in der Bürgerversammlung nennt.

Die Güllener brauchen ihr Wertesystem nicht zu verändern. Mit „reine[r] Menschlichkeit" und der Stimme des Gewissens (S. 91) begründen sie zuerst die Ablehnung von Claires Vorschlag, mit denselben Werten rechtfertigen sie dann den Mord an Ill (vgl. S. 121–126). Dabei ist jedoch auffällig, dass die Gerechtigkeit, um die es Claire von Anfang an geht, in der scheinheiligen Argumentation der Güllener immer stärker in den Vordergrund tritt, bis sie zuletzt das Hauptargument für die Tötung Ills bildet. Daran zeigt sich ihr Opportunismus.

Die von ihnen verfochtenen Prinzipien haben für die Güllener keinen echten Wert. Sie werden von ihnen nur so lange ernst genommen, wie sie ihnen nützen. Ihre eigentlichen Handlungsmotive verleugnen sie und geben sie gerade dadurch preis. So betonen sie ausdrücklich, nicht „des Geldes [...] wegen", sondern allein im Namen der Menschlichkeit, aus „Gerechtigkeit" und „Gewissensnot" zu handeln (S. 126).

Selbstgerecht, unreflektiert und im Grunde wider besseres Wissen glauben sich die Güllener im Einklang mit der unwandelbaren ‚Gerechtigkeit', ganz gleich, ob sie Ills Tod ablehnen oder fordern. Auch die Demokratie als abendländischer Wert wird durch das Theater der scheindemokratischen Schlussabstimmung pervertiert. Sie erweist sich als reiner Schauprozess, als ein Komplott von Verbrechern, die gemeinsam einen Mord beschließen. Wie der Pfarrer in liturgischem Wechsel mit seiner Gemeinde der Gläubigen, so spricht nun der Bürgermeister mit seiner Bürgergemeinde und verleiht so der Entscheidung eine religiöse Aura.

Dass die Güllener im Begriff sind, ein noch schlimmeres Verbrechen als Ill zu begehen, wird von ihnen erfolgreich verdrängt. Claires **Opfer** sind zu **Tätern** geworden. Die Heimlichkeit ihres Tuns zeigt, dass sie beim Verdrängen Skrupel haben und sich im Innern ihres verbrecherischen Verhaltens bewusst sind.

Dürrenmatt stellt nicht den Wert der von den Güllenern genannten Ideale infrage, sondern er zeigt auf, welcher Missbrauch mit ihnen getrieben werden kann. Das von Dürrenmatt entworfene Szenario war und ist nicht realitätsfern, wenn man an Faschismus, Fundamentalismus und Ideologien unterschiedlicher Art denkt.

Schuld

Durch die geschickte Ankündigung der alten Dame, 500 Millionen für das Gemeinwesen und 500 Millionen an die einzelnen Bürger geben zu wollen, wird nicht nur das Kollektiv, sondern jeder Einzelne schuldig. Jeder hat die neuen Lebensverhältnisse mit herbeigeführt und somit selbst zu verantworten. An die Folgen ihrer Untat für sich selbst denken die Bürger Güllens nicht, sie ignorieren die Gefahr, dass ihnen, wie der Lehrer sagt, dasselbe widerfahren kann: „[…] weiß ich, daß auch zu uns einmal eine alte Dame kommen wird, eines Tages, und daß dann mit uns geschehen wird, was nun mit Ihnen geschieht […]." (S. 103)

Trotz ihrer schwierigen Situation werden die Güllener nicht zwangsläufig zu ihrer Tat getrieben. Sie hätten anfangs die **Freiheit**, sich entsprechend ihrer Werte anders zu entscheiden und Ill nicht zu ermorden. Aber aufgrund ihrer Notlage und ihrer moralischen Schwäche ist es nur eine theoretische Freiheit, die mit zunehmendem Konsum verloren geht. Das Geld macht sie blind für andere Möglichkeiten.

Dürrenmatt äußert Sympathie für sie und warnt davor, sie negativ darzustellen (vgl. S. 143). Die Güllener sind für ihn „nicht böse, nur schwach" (S. 144). Er hat Verständnis für ihre moralische Niederlage, weil die „Versuchung [...] zu groß [ist], die Armut zu bitter" (S. 144).

Modellcharakter

Wenn Dürrenmatt meint, in den Güllenern könne sich jeder wiederfinden, auch er selber, dann betont er den Modellcharakter des Stückes. Am Beispiel der Güllener Bürger führt er vor,

- wie sich unter dem Einfluss von Geld und Wohlstand allmählich Bewusstsein und Moral der Menschen verändern, ohne dass sie es merken, und wie sie ohne ihr Wollen in ausweglose Situationen und schließlich in Schuld geraten,
- welche Wirkung das unbewusste Verhaltensmuster der Rationalisierung (also die nachträgliche Rechtfertigung eines aus irrationalen oder instinktiven Motiven erwachsenen Verhaltens durch – oft nur scheinbar – vernünftige Begründungen) im privaten und gesellschaftlichen Leben haben kann,
- dass Menschen dazu neigen, sich Ideologien zu eigen zu machen, um inhumanes und verbrecherisches Handeln zu verschleiern oder sogar zu legitimieren,
- dass es nicht auf abstrakte Wertsysteme ankommt, sondern auf das aus ihnen abgeleitete ethische Handeln,
- wie das Unvorhergesehene in eine scheinbar festgefügte Welt einbricht und diese in ihrer Fragwürdigkeit entlarvt.

So wird das Stück „zum Modellfall der wahrscheinlichsten Reaktion aller Menschen aus allen Ständen im Zeichen einer […] schicksalhaften Prüfung" (Syberberg, S. 62).

Das Problem der Gerechtigkeit

Die Problematik der **Gerechtigkeit** mit den Teilproblemen **Schuld und Rache** ist ein Schwerpunkt des Dramas. Gerechtigkeit im eigentlichen Sinne als Fairness, Gleichheit, Ausgewogenheit, Respekt vor der Würde der Person und ihrer Freiheit spielt jedoch in dem Stück keine Rolle, obwohl sie die Voraussetzung für Demokratie ist.

Je abstrakter ein Wert ist, umso mehr Bedeutungen können in ihn hineingelegt werden. Deshalb kann jede Gruppe oder Person ihrem Verhalten aus unterschiedlichen Motiven das Etikett „Gerechtigkeit" aufkleben: Claire aus emotionalen, die Güllener aus materiellen und Ill aus moralischen Gründen.

Claire Zachanassian

Die junge Klara muss Unrecht über sich ergehen lassen: Sie wird geschwängert, betrogen und verstoßen. Von einem späteren legalen Versuch, Recht zu bekommen, ist nichts bekannt. Als Milliardärin gelangt sie zu der Einsicht, dass man sich mit genügend Geld die Gerechtigkeit „kaufen" kann. Deshalb kehrt sie zurück und bietet eine Milliarde für Ills Tod, der für sie die Wiedergutmachung des Unrechts bedeuten würde, das ihr angetan wurde (vgl. S. 46).

Auf die entsetzte Antwort des Bürgermeisters, man könne die „Gerechtigkeit […] doch nicht kaufen" (S. 45), antwortet Claire ungerührt, man könne „alles kaufen" (S. 45). Sie hat Beispiele für ihre Behauptung: Ihre beiden Leibwächter sind freigekaufte Mörder (vgl. S. 30 f.). Die beiden falschen Zeugen konnten dank ihres Geldes gefunden und bestraft werden (vgl. S. 48). Der ehemalige Richter wurde wegen seiner extrem hohen Besoldung ihr abhängiger Angestellter (vgl. S. 46). Diese Beispiele machen deutlich, dass Claire unter **Gerechtigkeit** in erster Linie **Rache** und **Vergeltung** für das ihr zugefügte Unrecht versteht. Sie benutzt den Begriff als Vorwand und fordert einen Mord aus Rache, will also eine unverhältnismäßige, von Willkür geprägte Bestrafung.

Claire hätte Rache und Vergeltung preiswerter haben können, wenn sie Ill durch einen bezahlten Mörder hätte töten lassen. Dazu hätte sie nicht eine ganze Stadt ruinieren müssen. Ihr geht es aber auch um die **Wiederherstellung** der durch das damalige Unrecht **gestörten Ordnung**. Zu diesem Zweck schlüpft sie in die angemaßte Rolle einer „Schicksalsgöttin" (S. 34). Dafür ist ihr kein Preis zu hoch, auch nicht die Ermordung Ills, des Mannes, den sie so liebte und dessen Verhalten ihre eigene Liebesfähigkeit zerstört hat. Der Mord ist die halb irrsinnige Tat einer enttäuschten Frau aus übermäßiger Liebe. Dieser extreme und perverse Ausdruck der Liebe verwickelt sie, obwohl sie aus einer gewissen Berechtigung heraus handelt, in hohe Schuld. Ihr ursprüngliches Recht wird durch das Übermaß ihres Verhaltens zum Unrecht.

Die Güllener
Der Bürgermeister und seine Mitbürger verstehen unter Gerechtigkeit etwas anderes als Claire. Für die Güllener hat der Begriff eine rein abstrakte, oberflächliche Bedeutung. Wenn der Bürgermeister sich und seine Mitbürger als Vertreter humanistischer Werte sieht und Claires Forderung spontan ablehnt, dann ist ihm die Tragweite dieses Bekenntnisses nicht bewusst.

Indem Claire für ihre **Rache** den Begriff **Gerechtigkeit** wählt, verfälscht sie ihn und ermöglicht dadurch den Güllenern, ihr unrechtes Verhalten gegenüber Ill ebenfalls für gerecht zu halten. Erleichtert wird ihnen dieses Verhalten dadurch, dass sie sich von Ill moralisch distanzieren. So können sie ihr Wertesystem weiterhin als gültig ansehen, ohne über dessen Geltung und über ihr Verhalten nachdenken zu müssen.

Die **Ideologisierung und Umdeutung** des Begriffs der Gerechtigkeit dient letztlich der Rechtfertigung für den Verstoß gegen den Wert des menschlichen Lebens. Deshalb stellt der Lehrer die Forderung nach Gerechtigkeit in den Mittelpunkt seiner Rede: Man dürfe die Tat nur begehen, wenn es nicht um materielle Werte, sondern allein um die Verwirklichung von Gerechtigkeit gehe. Der Mord wird als Verwirklichung der Ideale und der Gerechtigkeit umgedeutet. Die Güllener überreden sich selbst, dass sie sich einer Unterlassung schuldig machen und die Gerechtigkeit verraten würden, wenn sie den Mord nicht ausführten.

Der Begriff Gerechtigkeit hat sich für die Güllener mit einem **neuen Inhalt** gefüllt. Was am Anfang ungerecht und böse war, ist am Ende gerecht und gut. Der anfangs aus sittlichen Gründen verweigerte Mord wird nun zynischerweise als sittliche Pflicht angesehen.

Alfred Ill

Ill durchschaut diese schleichende Umdeutung des Begriffs und akzeptiert sie nicht. Für ihn hat der Begriff Gerechtigkeit eine rein **persönliche Bedeutung**. Er befreit ihn von Schuldgefühlen und „Angst" (S. 108). Ill gewinnt die Einsicht, wenn auch erst unter dem Druck der Umstände, dass er für Claires Schicksal und für ihr zerstörtes Leben verantwortlich ist. Das **Gewissen** zwingt ihn, diese Schuld auf sich zu nehmen. Seine geplante Ermordung akzeptiert er für sich als „**Gerechtigkeit**" (S. 109), obwohl die Sühne in keinem angemessenen Verhältnis zur Schuld steht. Deshalb kann er auch kurz vor seiner Ermordung innerlich gelöst von seiner Familie Abschied nehmen (vgl. S. 110–112) und noch einmal mit Claire über die Vergangenheit sprechen (vgl. S. 113–118). Am Ende ist er mit sich im Reinen: So ist es zu verstehen, wenn er kurz vor seiner Ermordung den Pfarrer auffordert, nicht für ihn zu beten, sondern für Güllen (vgl. S. 128).

Zusammenfassung

Der Begriff der **Gerechtigkeit** hat für jede der drei Parteien eine andere Bedeutung:

- **Claire** dient er zur Rechtfertigung ihrer überzogenen Rache, die sie sich mithilfe ihres Geldes erkaufen kann.
- Den **Güllenern** dient er zur ideologischen Rechtfertigung ihres verbrecherischen Handelns und als Mittel, guten Gewissens reich zu werden.
- Für **Ill** umfasst er die persönliche Sühne für das, was er Claire angetan hat.

Das Problem der Gerechtigkeit

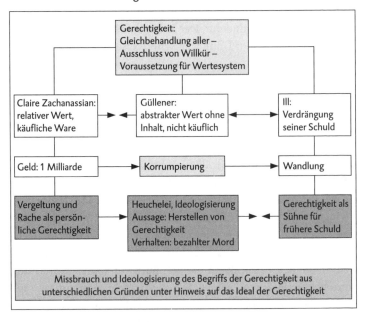

3 Dürrenmatts Theaterauffassung

Theorie

Wie andere Autoren seiner Zeit, so betont auch Dürrenmatt die **Gesellschaftsbezogenheit** seiner Literatur. Ohne dass man sich den **Einfluss** von **Brechts** Theorie und Praxis des epischen Theaters auf Dürrenmatts Dramatik deutlich macht, ist diese nicht angemessen zu verstehen. Brechts Grundsätze für zeitgemäßes Theater, besonders das Vermeiden der Identifikation der Zuschauer mit dem Dargestellten durch den **Verfremdungseffekt**, sind für ihn selbstverständliche Grundsätze seines dramatischen Schaffens. In seinen ausführlichen Bühnenanweisungen, besonders in der vor dem ersten Akt, spiegeln sich Brechts Vorstellungen vom **epischen Theater**.

Im Gegensatz zu Brecht verzichtet Dürrenmatt allerdings auf einen ideologischen Überbau und ist der Meinung, dass er als Schriftsteller die Welt nicht verändern könne. Die Lösung gesellschaftlicher Probleme sei eine politische Frage, die nicht im Aufgabenbereich des Schriftstellers liege. Dessen Ziel sei es, die chaotische Wirklichkeit als Folge widersprüchlicher menschlicher Beziehungen zur Anschauung zu bringen.

Er stellt sich die Aufgabe, den Menschen in seinen Konflikten sichtbar zu machen, und will seine Zuschauer beunruhigen. Sie müssten durch das auf der Bühne gezeigte Geschehen herausgefordert werden, über ihr eigenes Verhalten nachzudenken. Auf diese Weise will Dürrenmatt in einer Welt der Gedankenlosigkeit und Verantwortungslosigkeit an die sittliche Verantwortung des Menschen appellieren. Entsprechend dieser Intention sind seine Bühnenhandlungen in der Regel **Modelle**, die verzerrt, unwirklich erscheinen, aber gerade dadurch die hinter ihnen stehenden Realitätsbezüge erkennen lassen.

Dürrenmatt versucht, die **Orientierungslosigkeit** in der Welt dadurch kreativ zu bewältigen, dass er ihre Widersprüchlichkeit auf der Bühne darstellt. Seiner Ansicht nach, so äußert er sich 1955 in seinem **Vortrag „Theaterprobleme"**, lasse die Welt sich nicht mehr mit den Mitteln des klassischen Theaters und der traditionellen Gattung Tragödie darstellen.

Dürrenmatt begründet seine These damit, dass der Staat, den die heutigen Regierenden zu lenken sich bemühen, „unüberschaubar, anonym, bürokratisch geworden" sei. Ihm fehlten die „echten Repräsentanten [...], und die tragischen Helden sind ohne Namen". Heutige Staatsmänner seien keine Machthaber mehr, die, wie früher zum Beispiel Wallenstein und Napoleon, in Freiheit verantwortlich handeln könnten, sondern nur noch „zufällige, äußere Ausdrucksformen" einer riesenhaften Macht und deshalb „beliebig zu ersetzen". Daher gebe es nicht mehr, wie das noch Friedrich Schiller in seinen Dramen voraussetzen konnte, den selbstverantwortlich handelnden Menschen. Der **heutige Mensch** lebe in einer labyrinthischen Welt und sei undurchschaubaren Machtkonstellationen und Verhältnissen ausgeliefert. Er sei nicht mehr Subjekt, sondern nur noch *Objekt* des Geschehens, und von Verantwortung wie von Schuld und Tragik, die aus selbstverantwortetem Handeln erwachsen, könne man nicht mehr sprechen (GW 7, S. 56 f.).

Die antike und die klassische Tragödie, so Dürrenmatt, „setzt Schuld, Not, Maß, Übersicht, Verantwortung voraus" (GW 7, S. 59). Sie gestaltet den Zusammenstoß letzter Werte, den Konflikt zwischen Freiheit und Notwendigkeit, zwischen dem autonom gesetzten Willen des wertvollen Einzelnen und dem Schicksal, der mit dem Untergang des Einzelnen oder der Anerkennung der Notwendigkeit endet.

In Sophokles' Tragödie **„Antigone"** etwa geht es um einen solchen Wertekonflikt. Die Titelheldin stirbt, weil sie die Gesetze der Götter über die Anordnung des Herrschers stellt, ihren toten Bruder nicht zu bestatten. Da sie durch ihren Tod die göttliche Ordnung verherrlicht, wird sie zur tragischen Figur.

In Schillers Drama „**Maria Stuart**" ringt sich die Titelheldin zu der inneren Freiheit durch, das ungerechte Todesurteil zu akzeptieren, weil sie dadurch ihre Mitschuld an der Ermordung ihres Mannes sühnen will. Durch ihren Tod verdeutlicht sie, dass sich der Mensch ohne Rücksicht auf die äußeren Umstände frei entscheiden kann.

Für Dürrenmatt sind die Voraussetzungen für solche Handlungen heute nicht mehr vorhanden, da es **keine Schuldigen und Verantwortlichen** mehr gebe. Da alle gemeinsam Schuld an den chaotischen Verhältnissen trügen, seien alle schuldig. Deshalb, so seine Überzeugung, sei nur noch die **Komödie** eine zeitgemäße Theaterform. Sie sei das Kunstmittel einer niedergehenden Zeit, die mit Mythen und tragischen Konflikten nichts mehr anzufangen wisse. Unter Komödie versteht Dürrenmatt dabei nicht „die Darstellung eines harmlosen, nichtigen Schadens", sondern „die Darstellung eines bedeutenden Unheils aus nichtiger Ursache" (Profitlich, 1973, S. 34).

Die Ratlosigkeit der modernen Dramenhelden: Wolfgang Kraßnitzer als Alfred Ill und Margit Schulte-Tigges als Claire Zachanassian in Hermann Scheins Inszenierung des „Besuchs der alten Dame" am Staatstheater Darmstadt (2006)

Wichtiges Strukturmittel der Komödie ist für Dürrenmatt die **Komik**, die Darstellung des lächerlichen Missverhältnisses von erstrebtem, erhabenem Schein und tatsächlichem Sein. Komik ist für ihn ein aggressives Mittel der Enthüllung. Ihre Aufgabe bestehe darin, „das Chaotische zu formen" (GW 7, S. 58). Die komische Handlung bewirke den gewünschten **Verfremdungseffekt**: Wenn der Zuschauer lache, distanziere er sich.

Wenn auch Dürrenmatt die reine Tragödie als überlebt betrachtet, so ist **das Tragische** für ihn dennoch immer noch möglich – zwar nicht als gattungsbildendes Prinzip, jedoch als ein, noch dazu sehr wichtiges, **Element innerhalb der Komödie**. Der Übergang von Tragischem und Komischem sei bei dieser Gestaltungsart oft fließend.

Für Dürrenmatt gibt es Menschen, die trotz der Hoffnungslosigkeit nicht an der Welt verzweifeln, sondern gleichsam die verlorene Weltordnung in ihrer Brust wiederherstellen. Sie gewinnen Distanz zu den Ereignissen, indem es ihnen gelingt, ihre Schuld anzuerkennen. Dürrenmatt fasst zusammen: „Es ist immer noch möglich, den mutigen Menschen zu zeigen." (GW 7, S. 60)

Das wichtigste Mittel, die Identifikation des Zuschauers mit dem Geschehen auf der Bühne zu vermeiden, ist für Dürrenmatt der **Einfall**. Durch ihn schaffe die Komödie Distanz zum Zuschauer, der so „überlistet werden kann, sich Dinge anzuhören, die [er] sich sonst nicht so leicht anhören würde". Dürrenmatt bezeichnet deshalb die Komödie als „Mausefalle" für das Publikum. Tragödien brauchten keinen Einfall, da sie sich auf mythische oder historische Stoffe bezögen und da die Identifikation mit dem Bühnengeschehen beabsichtigt sei (GW 7, S. 61).

Mit „Einfall" meint Dürrenmatt zum einen den besonderen inhaltlichen Einfall des Autors. Aber er versteht darunter auch den **Einbruch des Unvorhergesehenen, Unberechenbaren**, durch den das Gewohnte außer Kraft gesetzt wird. Der „Einfall" tritt so an die Stelle des früheren Schicksals oder der Vorsehung. Er wird zum „Zufall", der die Sprünge, Widerstände und Unwahrscheinlichkeiten der Realität aufdeckt und das Handeln des Menschen in die Richtung zwingt, die dieser gerade vermeiden will. Dürrenmatt meint, je planmäßiger die Menschen vorgingen, umso wirksamer vermöge sie der Zufall zu treffen. Durch den Zufall trete die „**schlimmstmögliche Wendung**" einer Geschichte ein, die nicht vorhersehbar sei (*Die Physiker*, S. 91).

Anwendung

Dürrenmatts Überlegungen zum Theater seiner Zeit halten in abstrakter Form das fest, was in seinem Stück *Der Besuch der alten Dame* konkret geschieht.

Das Stück zeigt die **Anonymität der Macht in Form des Geldes**. Diese gestaltlose Macht verkörpert sich in der unmenschlichen Erscheinung der Claire Zachanassian, die gewissermaßen die Götter oder das Schicksal der klassischen Tragödie ersetzt. Die Wirkung dieser Macht sieht man in der ebenso lächerlichen wie entsetzlichen Wandlung der Gülleuer unter ihrem Einfluss.

Ausgangspunkt des Theaterstückes ist der theatralische „**Einfall**", Claire Zachanassian als Besucherin nach Güllen kommen und die Bürger mit ihrem Geld zur Ermordung ihres früheren Geliebten nötigen zu lassen. Aber der Begriff hat noch eine zusätzliche Bedeutung: Claire *fällt* in Güllen *ein* und setzt einen Prozess von Schuld und Rache in Gang, der schließlich zu dem von ihr gewünschten Ergebnis führt.

Für Claire war es ein glücklicher „**Zufall**", dass sie im Bordell einen Milliardär kennenlernte, der sie dort herausholte und heiratete. Für die Güllener ist es ein schlimmer „Zufall", dass Claire nach einem Leben in Luxus ihre Rache nicht vergessen hat und zurückkommt. Dadurch werden sie von ihr in eine Richtung gezwungen, die sie eigentlich nicht wollen, und so in ihrer Heuchelei der Lächerlichkeit preisgegeben. Die „schlimmstmögliche

Wendung" für sie ist, vom moralischen Standpunkt aus betrachtet, ihr Wohlstand um den Preis eines Verbrechens.

Dürrenmatts Personal hat vorwiegend **Modellcharakter**. Nicht nur die namenlosen Güllener, sondern auch ihre Honoratioren und die Personen aus Claires Gefolge sind austauschbar und verfügen über keine Individualität. Dürrenmatt zeigt weiter, dass es keine **Schuldigen und keine Verantwortlichen** mehr gibt. Keiner der Güllener will Schuld auf sich geladen haben, und alle reden sich ein, dass sie durch ihr Handeln die Gerechtigkeit verwirklicht haben.

Ill besiegt mit einer **persönlichen Leistung** seinen Gegner, die Angst. Er gewinnt Distanz zum Geschehen wie auch zu seinen Mitbürgern und bekennt sich zu seiner Verantwortung und **Schuld**. In sich selbst stellt er die gestörte Ordnung wieder her und wird dadurch zum „**mutigen Menschen**", obwohl seine Entscheidung, nicht mehr kämpfen zu wollen, weniger ein Akt der Freiheit als der Verzweiflung ist. Er kann sich „nicht mehr helfen" (S. 103) und glaubt auch, dass er „kein Recht mehr" dazu habe (S. 102). Aber er akzeptiert sein Schicksal als persönliche **Sühne** und verzichtet auf Möglichkeiten, dagegen anzukämpfen.

Der Pfarrer (Klaus Ziemann) redet Alfred Ill (Wolfgang Kraßnitzer) ins Gewissen, ohne selbst ein reines Gewissen zu haben.

4 Die dramatische Bauform

Aufbau

Dürrenmatt übernimmt nicht die Form der klassischen Tragödie, aber er übernimmt Elemente ihres Aufbaus. Er wahrt einigermaßen die Einheiten des **Ortes** und der **Zeit**. Das Geschehen spielt sich in der Stadt Güllen und dem dazugehörigen Wald ab, und zwar in einer kontinuierlich ablaufenden Zeitspanne, die aber die Dauer eines Tages (als zeitliche Vorgabe für die klassische Tragödie) bei Weitem überschreitet. Auch die Einheit der **Handlung** ist annähernd gegeben: Es geht um den Rachefeldzug der alten Dame und das davon abhängige Verhalten der Güllener im Allgemeinen und Ills im Besonderen.

Allerdings gestaltet Dürrenmatt die Handlungsführung **nicht einsträngig**. Sind zu Beginn des Geschehens Kollektivhandlung und Ill-Handlung noch weitgehend identisch, so verläuft Ills Entwicklung ab dem zweiten Akt anders als die seiner Mitbürger. Deshalb lässt sich die Dramaturgie des Stücks nur ansatzweise unter Zuhilfenahme der Aufbau-Elemente des klassischen Dramas analysieren: Modifikationen des Schemas werden nötig.

Der **erste Akt** hat **Expositionscharakter**. In ihm wird zum einen die Vorgeschichte nachgetragen; zum anderen wird die Handlung durch das **erregende Moment**, Claires Angebot, in Gang gesetzt. Früher dramatischer **Höhepunkt** für die Güllener in der noch einsträngigen steigenden Handlung ist die Ablehnung des Angebots durch den Bürgermeister.

Im **zweiten Akt** wird das Geschehen auf zwei Ebenen dargestellt. Es scheint durch das Warten der alten Dame auf dem Balkon, der oberen Ebene, ausschließlich verzögernden Charakter zu haben. Die Claire-Handlung bleibt außerhalb des eigentlichen Spiels. Ihre Äußerungen über ihre Gatten, ihre internationalen Bekanntschaften und Transaktionen assoziieren die **große Welt**, deren Verkörperung sie ist.

Das eigentlich dramatische Geschehen spielt sich jedoch in der **kleinen Welt** der Stadt ab, gewissermaßen im ‚Untergrund', vom Balkon aus gesehen. Langsam trennen sich hier die Handlungsstränge. Einmal geht es um Ill, der am Konsumverhalten der Güllener immer deutlicher erkennt, dass seine Mitbürger auf seinen Tod hoffen. Vor allem aber geht es um die dramatische Veränderung der Einstellung seiner Mitbürger ihm gegenüber. Der Zuschauer und Leser erlebt aus der Distanz den Untergang moralischen Handelns bei den Güllenern als **fallende Handlung** – und die zunehmende Vereinsamung und Verzweiflung Alfred Ills bis zur Annahme seines Todes als **steigende Handlung**. Allerdings kann man auch – unter äußeren Gesichtspunkten – die Entwicklung der Kollektivhandlung bis zum Mord und dem „*Welt-Happy-End*" (S. 132) als steigende Handlung ansehen, während die entgegengesetzt verlaufende Privathandlung auf die Katastrophe, Ills Ermordung, hin abfällt. Beide Bewertungen sind plausibel. Entscheidend ist die Einsicht in die Gegenläufigkeit der beiden miteinander verwobenen Entwicklungen. Eine **Parallelhandlung** zur Ill-Handlung mit symbolischem Charakter stellt die Jagd und Tötung des schwarzen Panthers dar.

Anschließend werden die Handlungsebenen wieder miteinander verbunden. Ill redet von unten nach oben mit Claire, will sie erschießen, scheitert aber an seinem Gewissen, das durch die Erinnerungen geweckt wird, und resigniert. Sein vergeblicher Fluchtversuch, mit dem der Akt endet, stellt für Ill einen Höhe- und Wendepunkt dar, eine **Peripetie**, denn danach kommt es zu einem Umschwung in seinem Verhalten.

Im **dritten Akt** schreitet die innere Verwahrlosung der Güllener weiter voran. Ill hingegen bekennt sich zu seiner Schuld und akzeptiert den Tod. Die Szenen, in denen er Abschied von seiner Familie und von Claire nimmt, verzögern das Geschehen und haben deshalb **retardierenden** Charakter.

4 Die dramatische Bauform

Dramatische Bauform

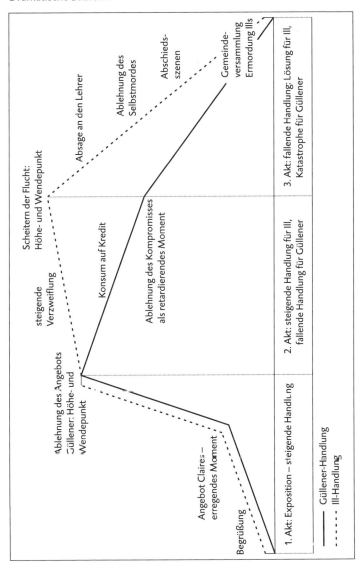

Die Güllener dagegen setzen ihren Selbstbetrug fort und suchen die letzte Möglichkeit, das Unvereinbare zu vereinbaren. Der gescheiterte Versuch, Claire umzustimmen, zu Beginn des dritten Aktes, ist die Voraussetzung für die finale Zuspitzung der Ereignisse: Die Güllener können nun nicht mehr hoffen, den erkauften Wohlstand ohne Verbrechen zu behalten, und müssen ihren Weg weitergehen, der sie zu äußerem Wohlstand und in die moralische **Katastrophe** führt.

Analyse als Prinzip

Der erste Akt des Dramas lehnt sich an das **analytische Drama** der Tradition an, wie es in der Antike durch Sophokles' Tragödie *König Ödipus* begründet wurde. Die Besonderheit dieser Form besteht darin, dass das entscheidende Ereignis zeitlich vor dem Beginn des Bühnengeschehens liegt und sich erst im Verlauf des Geschehens durch seine Folgen enthüllt. Diese Form des Dramas erinnert an den Aufbau von Detektivromanen, in welchen es darum geht, ein schon abgeschlossenes Geschehen, ein Verbrechen, aufzuklären und einen vermeintlich Unschuldigen als Täter zu entlarven.

In Dürrenmatts Drama sieht der Zuschauer oder Leser am Anfang die Folgen eines 45 Jahre zurückliegenden Geschehens, das er allerdings noch nicht kennt. Er fragt sich mit den Güllener Bürgern, wieso die Stadt so heruntergekommen ist und warum gerade jetzt die reichste Frau der Welt hier eintrifft.

Die zweite Frage wird Ende des ersten Aktes beantwortet, in der Anklage gegen Ill. Das „wirtschaftliche Rätsel" (S. 17) wird erst im dritten Akt gelöst: Der Ruin der Stadt ist Teil von Claires Rache an ihren Mitbürgern und Voraussetzung für ihre Rache an Ill. Er steht zudem zeichenhaft für den sich anbahnenden moralischen Ruin der Güllener: „Der äußere Bankrott deutet bereits auf den inneren voraus." (Durzak, S. 95)

Zu Beginn des Geschehens scheint trotz der elenden Lage die Moral noch einigermaßen intakt. Aber die Bürger belügen sich immer mehr selbst. Wie die junge Klara Wäscher vollkommen von Güllen abhängig war, so wird die Stadt völlig abhängig von Claire Zachanassian.

Dramatisches Mittel der Analyse ist die Verhandlung gegen Ill. Dabei handelt es sich um einen **Prozess auf zwei Ebenen**: Ein Teil ist auf die Vergangenheit gerichtet und betrifft Ill, den Claire zur Verantwortung zieht. Der zweite Teil betrifft das **Verhalten der Gemeinde** und ist auf Vergangenheit, Gegenwart und sogar auf die Zukunft gerichtet.

- Claire hält die Güllener, die sie als junges Mädchen beschuldigten, verurteilten und dann verstießen (vgl. S. 90 f.), nicht für besser als Ill.
- Sie bringt die Güllener in der Gegenwart dazu, ein schlimmeres Verbrechen als seinerzeit Ill zu begehen, nämlich Ill zu töten, und bewirkt so deren moralische Vernichtung – auch für die Zukunft.

Die Lösung der rätselhaften Verelendung hat eine **kollektive** und eine **private** Entwicklung zur Folge:

- Der unaufhaltsame moralische Abstieg der Güllener verbindet sich mit ihrem wirtschaftlichen Aufstieg.
- Ill entwickelt sich vom uneinsichtigen Güllener Bürger zur moralischen Persönlichkeit, die ihre Ermordung akzeptiert.

Das gesamte Geschehen stellt sich so als **Aufklärung** eines lange zurückliegenden Ereignisses und Verhängnisses dar. Wie Ödipus seinem vorhergesagten Schicksal nicht entgehen kann, obwohl er alles dafür tut, so können auch die Güllener ihrem ‚Schicksal' in Gestalt der alten Dame nicht entgehen. Ihnen bleibt nicht viel Spielraum, sich anders zu verhalten, als sie es schließlich tun.

Analyse

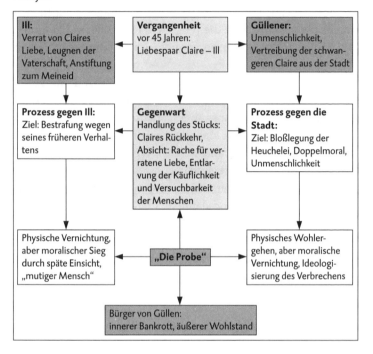

Struktur

Der relativ strenge Bau des Stückes bedingt seine große **strukturelle Geschlossenheit**. Dieser Eindruck wird durch einen **symmetrischen Aufbau,** durch **Wiederholungsszenen** und durch **Vorausdeutungen** verstärkt.

Zu Beginn des Geschehens und am Ende jedes Aktes steht eine **Massenszene**. Zuerst erwarten die Güllener auf dem verlotterten Bahnhof ihre Besucherin, am Ende des ersten Aktes findet das große Festbankett zu Ehren des hohen Gastes statt. Am Ende des zweiten Aktes vereiteln die Güllener Ills Flucht. Am Ende des dritten Aktes verurteilen sie ihn in der Gemeindeversammlung zum Tode und richten ihn hin. Im Gegensatz zum verpatzten Empfang Claires am Anfang ist dieses Mal das Geschehen voll durchorganisiert, sodass die Inszenierung perfekt gelingt.

Die **Einkaufsszenen** des zweiten Aktes werden zu Beginn des dritten wiederholt. Sie veranschaulichen die Fortsetzung des Konsumverhaltens um den Preis eines Verbrechens. Der Unterschied besteht aber darin, dass die Käufer eine Neubewertung der Situation vorgenommen haben. Die zu Beginn demonstrativ verabscheute Claire wird nun als Opfer angesehen, das als Mädchen von Ill ins Unglück gestürzt wurde, während der vorher so beliebte Ill als Verbrecher betrachtet wird.

Ills wiederholte **Begegnungen mit Claire** haben ebenfalls verbindenden Charakter und verklammern die Einzelszenen und Handlungsstränge. Er spricht viermal mit ihr: einmal bei der Begrüßung, als er ihre finanzielle Hilfe erbitten soll (vgl. S. 25–27), dann, als er sie erschießen will (vgl. S. 78 f.), und zweimal im Wald (vgl. S. 36–40 und 113–118). In der zweiten Waldszene, kurz vor seiner Tötung, kommt es zum ersten Mal zu einem echten Gespräch zwischen beiden, auch über das Schicksal des Kindes, das er damals verleugnet hat. Der Konflikt zwischen Claire und ihm wird so auf persönlicher Ebene, wenn auch auf groteske Weise, gelöst: Claire will den toten Ill in ein prächtiges Mausoleum nach Capri überführen lassen.

Beide Male spielen Güllener Bürger die Bäume des Waldes. Dürrenmatt begründet diesen ungewöhnlichen Einfall ironisch mit der Absicht, „die etwas peinliche Liebesgeschichte, [...] den Annäherungsversuch eines alten Mannes an eine alte Frau [...] in einen poetischen Bühnenraum zu stoßen und so erträglich zu machen" (S. 141 f.).

Beim Vergleich der beiden **Waldszenen** sind **Parallelen** festzustellen, die teilweise Anlass zu Neuakzentuierungen bieten. In der zweiten Szene werden Erinnerungen an die erste heraufbeschworen. So sagt „Der Erste": „Wieder sind wir Tannen, Buchen." (S. 112). Als ein Reh über die Bühne springt, meint Ill in der ersten Szene „Schonzeit" (S. 37), was man auf ihn selber beziehen kann. In der zweiten Szene läuft wieder ein Reh vorüber, und die Tochter stellt fest: „Zutraulich. Wird nicht mehr gewildert." (S. 112) Diese Bemerkung verweist auf den wachsenden Wohlstand der Güllener auf Kosten Ills. Dieser Wohlstand wird auch dadurch deutlich, dass die Baumdarsteller „*nun im Frack*" (S. 112) den Wald markieren. Als Claire und Ill bei ihrer ersten Begegnung im Wald den „*mit den Buchstaben AK*" (S. 35) gekennzeichneten Baum sehen, bemerkt Claire, dass er gewachsen sei (vgl. S. 36) – dass also viel Zeit vergangen ist. Beim zweiten Zusammentreffen stellt sie fest, dass der Baum abstirbt (vgl. S. 113) – ein Hinweis auf Ills nahenden Tod.

Die verschiedenen Teile der Handlung werden auch durch **Kontraste** verbunden: Die Stadt ist zunächst ruiniert, verfallen, verkommen, später saniert, um Neubauten erweitert, modernisiert und verschönt. Der Bahnhof, der anfangs verwahrlost und nicht mehr ans Netz der Fernverbindungen angeschlossen war, ist am Ende renoviert. Auch die Züge halten wieder. Die Bürger, anfangs schäbig gekleidet, sind später elegant herausgeputzt. Die abendländischen Werte hingegen, von denen ihr Handeln zu Beginn demonstrativ geprägt war, dienen ihnen am Ende nur noch zur Bemäntelung ihres Verbrechens.

Die Handlung wird außerdem durch Claires **eigenartige** und **vorausdeutende Fragen** zusammengehalten, die sie nach ihrer Ankunft stellt und die alle einen Bezug zum Tod haben (vgl. S. 28–30). Sie lösen bei den Güllenern Überraschung, aber auch Beunruhigung aus. Alles, was hier unverständlich und offen bleibt, wird im Verlauf des Geschehens geklärt. Der Zuschauer oder Leser ahnt, dass Schlimmes bevorsteht.

Ferner tragen **versteckte Vorausdeutungen** zur Geschlossenheit des Dramas bei. Der Bürgermeister sagt zu Beginn zum Pfändungsbeamten, „[a]ußer einer alten Schreibmaschine" (S. 16) finde er in ganz Güllen keinen Gegenstand zum Pfänden. Als Ill später bei ihm Schutz sucht, wird „[d]ie neue Schreibmaschine" (S. 69) hereingebracht und Ill erkennt seine Situation.

Struktur und Spannung

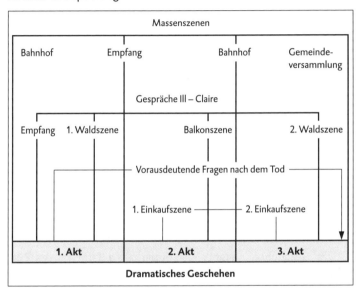

Raum und Zeit

Raum und Zeit sind Faktoren, die mithelfen, die Handlung zu konzentrieren. **Güllen**, der Schauplatz des Geschehens, ist anfangs eine verkommene Kleinstadt, gekennzeichnet durch *„[u]ntergegungene[n] Luxus"* (S. 33). Am Ende ist der Ort durch die Hochkonjunktur zu einer *„moderne[n] wohlsituierte[n] Stadt"* (S. 131) geworden. Der Name ‚Güllen' ist ein südwest- und schweizerdeutscher Ausdruck für **Jauche**, was „zu deutsch so viel wie ‚Scheiße'" bedeutet (Knopf 1887, S. 80). Er enthält Dürrenmatts Bewertung: Es ist die Stadt, die wegen ihrer sittlichen Verkommenheit zum Himmel stinkt.

Der kleine Ort und sein Umfeld werden während des Geschehens nicht verlassen. Früher hielten die Züge, später werden sie wieder hier anhalten. Aber während der Handlung ist der Ort von der Außenwelt **abgeschlossen**. Typisch für die Bedeutung der Abgeschlossenheit ist die Szene am Ende des zweiten Aktes, als Ill die Stadt verlassen will. Niemand hält ihn zurück. Durch ihre bloße Anwesenheit ziehen seine Mitbürger einen „magischen Kreis" um ihn, wodurch er trotz seiner Todesangst daran gehindert wird, die „Bannmeile" des Ortes (Syberberg, S. 50) zu verlassen. Diese Situation Ills erinnert an den „Mythos, der Dürrenmatt sein ganzes Leben lang am nächsten lag: die Geschichte des Labyrinths zu Knossos und dessen ungeheuren Insassen, den Minotaurus" (Donald, S. 140).

Dürrenmatt lässt sein Stück auf dem **Bahnhof** beginnen und enden. Dieser Schauplatz ermöglicht es, den jeweiligen Zustand der Stadt zu veranschaulichen. Er lässt erkennen, wie sich die Verlassenheit und Abgeschiedenheit der Stadt unter dem Eindruck des Konsums ändert. Am Schluss ist sie wieder in die Wohlstandsgesellschaft einbezogen.

Das Geschehen ereignet sich innerhalb relativ kurzer **Zeit** und bezieht sich auf Vergangenheit, Gegenwart und Zukunft. Die **Vergangenheit** ist die Voraussetzung für die **Gegenwart**, in der durch den wachsenden Reichtum der Güllener die Weichen für die **Zukunft** gestellt werden. Wenn der betrunkene Lehrer befürchtet, „daß auch zu uns einmal eine alte Dame kommen wird" (S. 103), dann deutet er an, dass auch die reich gewordenen Güllener eines Tages damit rechnen müssen, für ihr Tun zur Verantwortung gezogen zu werden.

Die Beschränkung auf einen geschlossenen Raum und eine kurze Zeitspanne zeigt, dass Güllen als Modell für das menschliche Verhalten in einer besonderen Situation konzipiert ist. Das Stück ist als **Gleichnis** über die Verführbarkeit des Menschen zu verstehen. Insofern hat die Handlung **Parabelcharakter**.

5 Gestaltungselemente

Die „tragische Komödie"
Der Besuch der alten Dame ist weder eine Komödie noch eine Tragödie im üblichen Sinn. Für eine Komödie ist der Ausgang zu tragisch, besonders für Ill. Die Güllener empfinden ihren Wohlstand nicht als schlimm, wohl aber der Zuschauer, der den Preis dafür kennt. Für eine Tragödie enthält der Text jedoch zu viele komische Elemente. Dürrenmatt bezeichnet sein Stück deshalb als **„tragische Komödie"**. Der Untertitel verweist auf die Zusammenfügung eigentlich unvereinbarer dramatischer Elemente. Komisches und Tragisches verschmelzen zu einer Mischform, deren „äußerer Ausdruck im Komischen das innere Bewusstsein des ‚tragischen Lebensgefühls' verbirgt" (Syberberg, S. 53).

Die Ankunft der alten Dame mit ihrem Gefolge und das sich anschließende Begrüßungszeremoniell mit seinen Pannen und seiner „geplanten Schmeichelkampagne" (Guthke, S. 242) wirken insgesamt komisch. Aber die sonderbaren Bemerkungen der alten Dame, zum Beispiel über Tod und Todesstrafe, verändern die Stimmung und deuten schon auf die tragische Seite des Stücks voraus.

Insgesamt steht das **Komische**, die zunehmende Heuchelei der Güllener sowie Claires schlagfertige und direkte Art, immer stärker in Wechselbeziehung zum **tragischen Geschehen** um Ill. Komisch wirkt das Missverhältnis, dass die Güllener zwar Ills Ermordung ablehnen, jedoch hemmungslos in eine Kauforgie auf Kredit geraten. Typisches Beispiel dafür sind die Frauen, die, Schokolade kauend, Ill versichern, man stehe zu ihm. Komisch bis zur Grenze des Grotesken und tragisch zugleich ist auch das Anliegen des Bürgermeisters, Ill möge Selbstmord begehen, damit das Kollektiv nicht zum Mörder wird.

Die Situation, in der Ill **Abschied von seiner Familie** nimmt, ist ebenfalls sowohl komisch als auch tragisch. Er fährt im Auto seines Sohnes, das dieser auf Kredit gekauft hat, also mit Blick auf den Tod des Vaters. Deshalb spricht Ill von „unserem Wagen" (S. 105). Frau Ill hat einen teuren „Persianer" (S. 109) gekauft, ebenfalls auf Kredit und nur „[z]ur Ansicht" (S. 104), wie sie beschwichtigend versichert. Die Tochter kann dank des neuen Wohlstands Tennis spielen und Literatur studieren. Plaudernd fährt man durch die Gegend, deren Wohlstand geradezu aufdringlich wirkt, und Ill fühlt, wie er schon vorher zum Bürgermeister gesagt hat, „bei jedem Anzeichen des Wohlstands den Tod näher kriechen" (S. 108). Auch der **Abschied von Claire** wirkt sowohl komisch als auch tragisch: Sie spricht mit Ill über sein Mausoleum auf Capri, und er bedankt sich für die von ihr schon besorgten Kränze und Blumen (vgl. S. 118).

In der Schlussszene steigert Dürrenmatt die Tragikomik bis zur Grenze des Erträglichen, und zwar durch das kaum zu überbietende **Missverhältnis** zwischen dem Gesagten und der Realität. Ills Mörder nehmen die Pose sittlicher Größe ein und behaupten, es gehe ihnen nicht ums Geld, sondern darum, „reinen Herzens die Gerechtigkeit [zu] verwirklichen" (S. 124).

Für Ill wird dieses Missverhältnis zwischen Schein und Wahrheit so unerträglich, dass er während dieser Farce „Mein Gott!" (S. 125) schreit. Der Kameramann bedauert, dass Ill seinen eindrucksvollen „Freudenschrei" (S. 126) nicht mehr wiederholen kann. Den Güllenern dagegen fällt es leicht, erneut ihre „Gewissensnot" (S. 126) zu beschwören. Dazu passt die hohle und von Dürrenmatt ironisch hervorgehobene Pose, mit der die Güllener am Schluss im Chor „ihr Glück" preisen (S. 132–134).

Ill wäre ein tragischer Held im traditionellen Sinne, wenn er durch sein Sterben die Idee der Gerechtigkeit verherrlichen würde. Dies ist jedoch nicht der Fall. Er büßt nur seine persönliche Schuld. Die mögliche tragische Wirkung seiner Person wird außerdem durch das **Umfeld des Lächerlichen und Komischen** verhindert, das ihn ständig bis zum Schluss umgibt.

Paradoxie und Groteske

Dürrenmatt versucht sein Gefühl der Orientierungslosigkeit in einer als labyrinthisch empfundenen Welt dadurch kreativ zu bewältigen, dass er ihre **Paradoxien** auf der Bühne durchspielt. Dabei ist bereits paradox, dass er einen Sinn in einer Welt zu finden versucht, von deren Sinnlosigkeit er überzeugt ist.

Kommunikationsstörungen in einer Welt, die keine Orientierung bietet: Margit Schulte-Tigges als Claire Zachanassian und, kniend vor ihr, Wolfgang Kraßnitzer als Alfred Ill am Staatstheater Darmstadt (2006). Links Aart Veder mit schwarzer Brille als Butler.

Das wichtigste Stilmittel, das Paradoxe der Welt auf der Bühne darzustellen, ist für Dürrenmatt das „**Groteske**". Es ist für ihn „ein sinnliches Paradox, die Gestalt [...] einer Ungestalt, das Gesicht einer gesichtslosen Welt" („Theaterprobleme"; GW 7, S. 59). Das Groteske hat mit dem Paradoxen die Vereinigung von eigentlich Unvereinbarem gemeinsam. Beider Wesen besteht in der „überraschenden Zusammenfügung des Heterogenen" (Heselhaus, nach: Heuer, S. 766), im **Miteinander von Lachen und Entsetzen**. Zusätzlich gehört zum Grotesken ein fantastisches und oft bedrohliches Element. Das Gewohnte und Bekannte erscheint in Verwirrung, die Welt wird fremd, unheimlich, abgründig, sodass der Zuschauer nicht weiß, ob er lachen oder Grauen empfinden soll. Irritiert rückt er in **Distanz** zum Geschehen und kann dadurch dessen schreckliche Folgen besser erkennen.

Diese Wesensbestimmung des Grotesken könnte von Dürrenmatts Stück abgeleitet sein. In der dort dargestellten verkommenen Welt überwiegt am Anfang die Komik, am Ende jedoch das Entsetzen. Dabei lassen sich groteske Figuren und groteske Situationen unterscheiden.

Die **groteske Figur** schlechthin ist **Claire Zachanassian**. Nur in Bezug auf sie gebraucht Dürrenmatt den Begriff (vgl. S. 22). Er stellt in ihr eine Figur dar, die sich völlig „außerhalb der menschlichen Ordnung bewegt" (S. 143), die aber entscheidend in diese eingreift. Sie wirkt auf den Zuschauer oder Leser ebenso lächerlich und unglaubwürdig wie entsetzlich und grauenvoll, sowohl in ihrer Erscheinung als auch in ihrem Verhalten.

Grotesk ist schon ihr **Körper**, der fast nur noch aus Prothesen besteht. Diese verleihen ihr die seltsame Aura eines unheimlichen, gefährlichen Apparats. Unter ihrer schaurigen Oberfläche wird allerdings hin und wieder ein Rest von verletzter Menschlichkeit sichtbar, wenn sie sich beispielsweise an ihre alte Liebe erinnert und die Orte ihres vergangenen Glücks aufsucht. Sie will gleichzeitig zwei Ziele verwirklichen, die sich ausschließen, da sie dieselbe Person, Ill, betreffen: ewige Liebe und fürchterliche Rache. Dies ist ein ebenso paradoxes wie groteskes Verhalten.

Auch **Claires Gefolge** wird von Dürrenmatt grotesk gezeichnet und wirkt insgesamt ebenso lachhaft wie bedrohlich: Der Butler mit „*schwarzer Brille*" sieht aus wie ein Hollywood-Gangster; der siebte Gatte kommt mit „*kompletter Angelausrüstung*" (S. 22) und ist – wie auch die Folgegatten – austauschbar; Verbrecher sind Leibwächter; harmlose Dienstmänner bringen einen schwarzen, kostbaren Sarg ins Hotel, der die Zuschauer oder Leser Schlimmes befürchten lässt; der eigenartigen Prozession zum Hotel gehören zwei „*kleine, dicke alte Männer*" an, die sich wie Kinder „*an der Hand halten*" und „*sorgfältig gekleidet*" (S. 31 f.) sind.

Groteske Personen lassen auch **groteske Situationen** entstehen. Das alte Liebespaar im simulierten Wald überschreitet schon die Grenze des Komischen, besonders wenn Ill heuchlerisch Claire mit früheren Kosenamen belegt (vgl. S. 26). Grotesk wirkt auch der Umstand, dass er Claire zuerst auf den Schenkel schlagen will – was ohnehin ein wenig passendes Verhalten ist –, dann ihre rechte Hand küsst, dabei aber auf Prothesen trifft (vgl. S. 39). Im Schlussakt greifen tragische Komik und groteskes Verhalten dann sogar auf Ills Familie über. Aber auch das Verhalten der Güllener, ihre zunehmende Radikalisierung und ihr wachsender Zwiespalt zwischen Denken und Handeln überschreiten den Bereich des Komischen. Ills Mitbürger verhalten sich immer weniger komisch und immer mehr grauenvoll und entsetzlich. Grotesk ist, wenn sie

- einerseits sich immer mehr verschulden, andererseits Ill beruhigen wollen, es geschehe ihm nichts und sie stünden hinter ihm,
- Ill unter dem Einfluss des Geldes immer mehr kriminalisieren, weil sie ihr gutes Gewissen behalten wollen,
- den Einfluss des Geldes noch am Schluss abstreiten und vorgeben, demokratisch und im Namen der Gerechtigkeit zu handeln.

Komik, Ironie, Anspielungen, Parodie

Komik ist eine der Tragik entgegengesetzte Form, die Welt zu betrachten. Im Komischen findet das vom Menschen gefühlte Missverhältnis zwischen Schein und Sein von Personen, Gegenständen, Worten und Situationen seinen Ausdruck und reizt zum Lachen. Komik durchzieht das ganze Theaterstück, am stärksten im ersten Teil; nachher nimmt sie ab, je mehr sich das Geschehen seinem schlimmen Ende nähert. Komisch wirken die Stilformen Ironie und Parodie. Sie dienen Dürrenmatt zur Entlarvung der Unmoral der Gesellschaft. Die Grenzen zwischen ihnen sind oft fließend. Oft haben sie den Charakter von Anspielungen und Vorausdeutungen.

Ironie äußert sich in der Regel als Haltung des Autors gegenüber der von ihm dargestellten Situation und den von ihm erfundenen Figuren. (Natürlich können aber auch die literarischen Figuren selbst Ironie an den Tag legen.) Der Autor verfolgt dann die Absicht, unter dem Schein der Ernsthaftigkeit etwas lächerlich zu machen, oft etwas Erhabenes. In Wirklichkeit meint er das Gegenteil des Gesagten.

In der Epik kann der Autor seine ironische Haltung mithilfe von Erzählerkommentaren direkt zum Ausdruck bringen. Im Drama hingegen fehlt ihm diese Möglichkeit. Entsprechend muss er seine ironischen Absichten und Kommentare in die Figurenreden verlagern. Als Ill klagt, seine Kinder hätten keinen „Sinn für Ideale", kommentiert Claire ironisch, der werde „ihnen schon aufgehen" (S. 38). Er meint wertegesteuertes, vorbildliches Verhalten, sie denkt an die „Werte" des Konsums, die später das Verhalten seiner Kinder bestimmen, das mit zum Tode des Vaters führt. Ironisch ist auch ihre Entgegnung auf die Lobhudelei des Bürgermeisters, die „selbstlose Freude" der Güllener über ihren Besuch rühre sie (S. 44). Das Gegenteil ist der Fall. Die Freude der Güllener ist alles andere als selbstlos, und Claire ist auch keineswegs gerührt. In ironischem und sogar groteskem Verhältnis zum Geschehen unten in der Stadt stehen ferner die Kommentare der auf dem Balkon wartenden alten Dame, vor allem ihre Erklärung der Unruhe in der Stadt, wenn sie meint, man werde „sich um den Fleischpreis streiten" (S. 60) – allerdings, wie zu ergänzen ist, nicht um den Fleischpreis beim Metzger, sondern um den Preis für Ills Leben.

Das Stück ist reich an **Anspielungen**. Ein Teil dieser Anspielungen sind **literarischer Art**. Wenn Claire dem Lehrer wie eine „Heldin der Antike" vorkommt, „wie eine Medea" (S. 90), dann spielt dieser Vergleich auf die gleichnamige antike Tragödie des **Euripides** (um 480 bis 406 v. Chr.) an. Die Königstochter **Medea** und Geliebte des Argonauten Jason, dem sie bei dem Raub des Goldenen Vlieses hilft, rächt sich grausam an ihrem untreuen Geliebten, der sie verstößt. Sie tötet die Rivalin und sogar ihre eigenen Kinder. Ihre Gestalt wird unterschiedlich gedeutet. Einmal wird sie als Frühform einer selbstbewussten Frau angesehen, vor allem aber als Zauberin und Todesgöttin. In beiden Rollen tritt Claire auf. Selbstbewusst hat sie ihr Leben gestaltet, grausam rächt sie sich an ihrem ungetreuen Geliebten und lässt ihn sogar töten.

Eine weitere, beiläufige Anspielung bringt eine andere Seite Claires zur Geltung. Während ihres Besuches hört der Polizist eine Melodie aus **Franz Lehars** Operette *Die lustige Witwe* (vgl. S. 64). Als eine solche verhält sich Claire.

Die Äußerung von Ills Tochter während der gemeinsamen Autofahrt, die „Stimmung" der abendlichen Landschaft sei „wie bei Adalbert Stifter" (S. 111), ist aus der Perspektive der Figur in vollem Ernst gesprochen. Der Vergleich wirkt jedoch komisch und ist reine Ironie des Autors, da das Gegenteil der Fall ist: Der österreichische Dichter **Adalbert Stifter** (1805–1868) ist besonders für seine innigen, harmonischen Naturbetrachtungen und Landschaftsbeschreibungen bekannt, in welchen alles Störende und Unharmonische ausgeschlossen ist, während das Bewusstsein der Autofahrer von störender Mitwisser- und Mittäterschaft am Mord (Familie) und von Todesbereitschaft (Ill) geprägt ist.

Die Balkonszene ist eine Anspielung auf die nächtliche Begegnung von **Romeo und Julia** in **Shakespeares** gleichnamigem Drama. Zum reinen Gefühl und jugendlichen Überschwang der

Liebenden bei Shakespeare bilden die beiden gealterten Protagonisten von Dürrenmatts Stück einen denkbar starken Gegensatz. Während der Abschiedsszene rauchen Claire und Ill zusammen anspielungsreich eine Zigarre „Romeo et Juliette" (S. 114): Ihre Liebe ist vergangen, hat sich in Rauch aufgelöst, in Rache verwandelt. Auch sie ist zu einem Teil der Warenwelt, zu einem billigen, käuflichen Vergnügen herabgewürdigt. Vor diesem Hintergrund ist auch Ills letzter Wunsch nach einer Zigarette zu verstehen (vgl. S. 128). Literarische Anspielungen dieser Art entwerten und trivialisieren den literarischen Text, auf den jeweils angespielt wird, und machen so deutlich, dass er in der neuen Situation keine Bedeutung mehr hat.

Der Vorhang des Theatersaals des Gasthauses trägt die Inschrift *„Ernst ist das Leben, heiter die Kunst"* (S. 119). Damit wird **Schillers** Prolog zu seinem Drama **„Wallenstein"** zitiert. Dürrenmatt will jedoch auf etwas anderes hinaus: Er weist durch das zweckentfremdete Zitat auf die Unzeitgemäßheit der klassischen Kunstauffassung hin, die seiner Ansicht nach – im Gegensatz zur heutigen Situation – noch Moral, echte Tragik und echte Helden kannte (vgl. *Interpretationshilfe* S. 62).

Dürrenmatt, Sohn eines Pfarrers, verwendet auch zahlreiche **religiöse Anspielungen**. Claire residiert beispielsweise im *„Hotel zum Goldenen Apostel"* (S. 51). Apostel waren Sendboten, die den Glauben an Gott verbreiteten. Der *Goldene Apostel* ist ein ironischer Hinweis auf die enge Verbindung von (allzu irdischer) Religion und Geld in Dürrenmatts Stück. Claire Zachanassian erscheint dort als eine moderne Sendbotin des „goldenen" Gottes, des Reichtums. Sie verkündet den Güllenern den Glauben an die Macht des Materiellen und diese lassen sich von ihr missionieren. Bei ihrer Eheschließung mit Ehemann VIII predigt der Pfarrer „erhebend" über eine Bibelstelle aus dem **Neuen Testament** – „Erster Korinther dreizehn" (S. 87) –, in der die Macht der Liebe über alle anderen Werte gestellt wird. Es ist angesichts der Situation grotesk, dass sich der Pfarrer gerade diesen Text auswählt. Das gepredigte Ideal steht in krassem Gegensatz zur Wirklichkeit: Ills Liebe zu Claire zerbrach am Geld, die Liebe seiner Familie wird vom Wohlstand zerstört und ist bei Weitem nicht groß genug, um Ill vor dem Tod zu bewahren.

Alte Schuld, die schwerer wiegt als alte Liebe: Elisabeth Berger als Claire Zachanassian und Jürgen Klein als Alfred Ill am Theater Kanton Zürich, Winterthur (2006). Im Hintergrund Claires Gefolge (André Frei, Christian Sunkel und Markus Quendler).

Im gleichen Gottesdienst gelangt Johann Sebastian Bachs (1685 bis 1750) **Matthäuspassion** zur Aufführung (vgl. S. 87), deren Thema die Leidensgeschichte Christi ist. Vorher schon wird das sehenswerte „Jüngste Gericht" (S. 24) am Portal des Münsters erwähnt, ein Plakat lädt zum Besuch der Passionsspiele in Oberammergau ein (vgl. S. 82), und der Maler hat „einen Christus" gemalt (vgl. S. 99). Aber auch Ills Schicksal erscheint momentweise als eine Anspielung auf die **Passion Christi**, wenn er sagt: „Aber nun schloß ich mich ein, besiegte meine Furcht. Allein. Es war schwer, nun ist es getan." (S. 109)

Damit steht er als leidender und sühnender Mensch im Mittelpunkt, der – im Gegensatz zum Kollektiv - die Schuld auf sich nimmt. Der Autor präsentiert Ills innere Wandlung „als Alternative und als einzig mögliche humane Haltung gegenüber dem gesellschaftlichen Fehlverhalten" (Knopf 1996, S. 88 f.).

Die Güllener veranschaulichen mit ihrem Verhalten die Notwendigkeit der Bitte des christlichen **Vaterunsers**: „Und führe uns nicht in Versuchung". Der Pfarrer spielt darauf an, als er mit Ill spricht (vgl. S. 76). Aber sie werden in Versuchung geführt, nicht von Gott, sondern von Claire und ihrem Geld. Sie versagen und verstoßen gegen die zwei der alttestamentarischen zehn Gebote: „Du sollst nicht töten", und: „Du sollst keine anderen Götter haben neben mir". Sie töten Ill und setzen ein ‚goldenes Lamm' – den Konsum in Gestalt der „Schicksalsgöttin" (S. 34) Claire Zachanassian – an die Stelle von Gott.

Der Pfarrer möchte Ill vor seiner Ermordung mit Versen des **Propheten Amos** Trost spenden (vgl. S. 128), die Verbrechern vor ihrer Hinrichtung gesagt wurden (vgl. Amos, Kap. 8,9 ff.). Ill fordert den Pfarrer jedoch auf, zu schweigen. Er lehnt die ihm zugedachte Rolle des Verbrechers ab.

Der Begriff **Parodie** stammt aus dem Griechischen und bedeutet „Gegengesang". Die Parodie ist entsprechend eine Textform, die dem Zweck dient, ein ernst gemeintes Werk durch verzerrende oder übertreibende Nachahmung des Ganzen oder einzelner Teile daraus dem allgemeinen Spott preiszugeben. Dabei wird die äußere Form beibehalten, allerdings mit einem anderen, unangemessen erscheinenden Inhalt verbunden. Mit einer ausführlichen Parodie der Chorpartien von **Sophokles**' Drama *Antigone* schließt Dürrenmatt sein Drama. Für ihn ist diese Parodie ein Mittel, die Kluft zwischen den vergangenen Idealen und der gegenwärtigen Welt des Zerfalls deutlich zu machen. Man kann Dürrenmatts Theaterstück insgesamt als eine Parodie des klassischen Dramas ansehen.

Sinne, sie ist eher eine Heimsuchung: ein „Besuch", dessen Zweck die Vernichtung des Liebesverräters Ill durch die Korruption seines heimatlichen Umfeldes ist. Die Heimkehr des Rächers ist ein archaisches Motiv: Schon Odysseus tötete nach seiner Rückkehr die lästigen Freier seiner Frau.

Liebe
Dürrenmatt gestaltet die Thematik Liebe oder Teilaspekte davon in symbolträchtigen Szenen. Der Konradsweilerwald ist, ebenso wie die Petersche Scheune, Symbol von Ills und Claires früherer Liebe. Die beiden **Waldszenen** veranschaulichen den gegenwärtigen Zustand dieses Verhältnisses. Beim ersten Zusammentreffen versucht Ill die Zeit zurückzudrehen, während Claire ihn darauf hinweist, dass sich die Situation grundlegend geändert hat. Durch diese Gegenüberstellung der von Ill beschworenen vergangenen Gefühlsseligkeit mit der gegenwärtigen Wirklichkeit, die Claire vertritt, entsteht Komik, und der emotionale Gehalt der Bilder wird zurückgenommen. Die zweite Waldszene macht deutlich, dass Ill die veränderte Situation nun erkannt und akzeptiert hat.

Die **Balkonszene** im zweiten Akt erinnert ebenfalls an die vergangene Liebe. Damals stand Kläri Wäscher als liebende Frau auf dem Balkon, jetzt steht dort Claire Zachanassian als liebesunfähige Rächerin und erinnert sich an Ills frühere Liebe, allerdings auch daran, dass er einmal aussah, als wollte er ihr „ein Leid antun" (S. 79). Diese Anspielung auf Ills Leidenschaft und Verrat stellt auch eine Verbindung zur Gegenwart her: Ill will Claire erschießen. Die Szene zeigt einmal die Veränderung im Verhältnis Claires zu Ill, aber sie hat auch eine vertiefende und eine vorausdeutende Funktion, indem sie auf Ills Tod verweist.

Tod
Die Anspielung auf Shakespeares *Romeo und Julia* macht deutlich, dass das **Liebesmotiv** mit dem **Todesmotiv** verbunden

Motive und Symbole

In Dürrenmatts Stück haben **Motive** und **Symbole** eine besondere strukturbildende Funktion. Sie bilden ein Geflecht von Bedeutungs- und Verweisungszusammenhängen, das die Ebene des meist grotesk dargestellten Geschehens überlagert und eine zusätzliche Sinn- und Bedeutungsschicht schafft: Zum ausdrücklich Gesagten tritt das nicht ausdrücklich Gesagte, die Ebene der Nebenbedeutungen, hinzu. Die Vielzahl der Einzelaussagen und einzelnen Handlungssegmente wird durch diese Gestaltungselemente strukturiert und interpretiert.

Unter einem **Symbol** versteht man einen sinnlich gegebenen Gegenstand, einen Vorgang oder eine Situation, die über sich selbst hinaus auf einen abstrakten, ideellen Bereich verweisen. Symbole erlangen erst in einem bestimmten Kontext oder Sinnzusammenhang ihre Bedeutung, die nicht immer eindeutig sein kann, weil Symbole auslegungsbedürftig und insofern vom Erfahrungs- und Wissenshorizont des Lesers abhängig sind.

Motive sind Bausteine des Geschehens, sich wiederholende, typische und menschlich bedeutsame Situationen, Vorgänge, Zustände oder bedeutsame Verhaltensweisen. Sie können zu Motivkomplexen zusammengefügt sein und haben oft symbolische Bedeutung. Außer den schon behandelten zentralen Motivkomplexen Korrumpierbarkeit, Moral, Gerechtigkeit, Schuld und Rache, die das gesamte Stück durchziehen, sind vor allem die Motive Heimkehr, Liebe, Tod, Konsum und bestimmte Farben von Bedeutung für das Verständnis des Stücks.

Heimkehr

Heimkehren ist eines der ältesten Themen der Literatur. Schon Odysseus kehrte nach langen Irrfahrten nach Hause zurück. Die Dialektik der Heimkehr besteht darin, dass die „Heimat [...] zur Fremde [wird] und der Heimkehrer zum Fremden, zum Eindringling" (Ruedi, S. 101). Das ist bei Claire Zachanassian der Fall. Aber ihre Rückkehr ist auch keine Heimkehr im eigentlichen ist, denn Ills Tod ist eine Folge seines Liebesverrats. Zur sinnlichen Vergegenwärtigung des Zusammenhangs der beiden Bereiche trägt die **Farbsymbolik** bei. **Schwarz** steht für Trauer und Tod. Die Todessymbolik, die das ganze Stück durchzieht, ist schon zu Beginn des Geschehens gegenwärtig. Das Begrüßungskomitee der Güllener erscheint in „feierlichem Schwarz" (S. 20) auf dem Bahnhof und deutet damit unbewusst die Richtung der Entwicklung an. Der Sarg, den Claire mitbringt, ist schwarz, ebenso der Panther. Claire und die Güllener gehen hinter dem Sarg her wie eine Trauerprozession. Sie sieht in ihren „schwarzen Gewändern" „[s]chauerlich" (S. 34) aus und weckt beim Lehrer Assoziationen an Tod und Schicksal. Auch das Haar ihrer Tochter, die jung starb, war schwarz (vgl. S. 116).

Im Gegensatz zur Farbe der Trauer und des Todes steht die Farbe **Rot** für Liebe und Leidenschaft. Claires rote Haare werden dreimal erwähnt (S. 18, 37, 43), mit ihnen lockt sie ihren Mann an, der sie dann aus dem Bordell holt. Sie selbst erwähnt ihren „roten Unterrock" (S. 117). Aber Rot ist auch die Farbe des Blutes. Tod und vergeblich beschworene vergangene Liebe gehören zusammen wie Schwarz und Rot.

Ihre besondere Ausprägung findet die Verbindung von Liebe und Tod in der Jagd auf den **schwarzen Panther** und in dessen Tötung. Der Panther ist schon von Anfang an ein bildlicher Ausdruck, eine **Metapher** für Ill. Claire äußert in der Rückerinnerung an ihre Liebe, sie habe Ill damals „mein schwarzer Panther" genannt, will diese Bezeichnung aber in der Gegenwart nur noch ironisch verstanden wissen (vgl. S. 26). Der tote Ill ist dagegen wieder dem Bild ihrer Erinnerung ähnlich (vgl. S. 131). Sie ist endlich in den Besitz ihres Liebesobjekts gekommen, wenn auch auf groteske Weise und mit ebenso groteskem Ergebnis. In diesem Sinne ist der Panther Symbol ihrer verlorenen Jugendliebe, die Ill zerstört hat. Der Panther symbolisiert außerdem die Verschmelzung von „Liebesseligkeit und Grausamkeit" (Syberberg,

S. 44) in der Person Claires. Er ist darüber hinaus ein Symbol für die „Raubtiernatur, die in jedem Menschen verborgen ist" (Durzak, S. 100) und die in diesem Falle durch Geld entfesselt wird.

Die **Jagd** auf den schwarzen Panther ist eine **Ersatzhandlung** und bildet eine in sich geschlossene **Parallelhandlung**. Sie verbindet als **metaphorische Verklammerung** die Sphären Ills, Claires und der Güllener miteinander und deutet deren Jagd auf Ill symbolisch. Sie bedeutet eine Gewalttat zum Wohl der Stadt, die die Güllener nicht verdrängen müssen. Ill erkennt, dass aus der Pantherjagd allmählich die Jagd auf ihn selbst wird: „Sie jagen mich wie ein wildes Tier." (S. 74)

Mit diesem gejagten Tier wird Ill immer mehr gleichgesetzt (vgl. die Regieanweisung auf S. 81). Wie dem Panther der Ausbruch aus seinem Käfig in die Freiheit misslingt und er erschossen wird, so wird auch Ill nach seiner missglückten Flucht getötet. Als er seinen Kampf gegen sein Schicksal aufgibt, wird vor seinem Laden das Tier erschossen (vgl. S. 76). Der Tod des Panthers ist die Vorwegnahme von Ills Tod.

Konsum

Ein weiterer wichtiger Motivkomplex ist der Wohlstand als Ergebnis des wirtschaftlichen Aufschwungs und der damit verbundene Konsum der Güllener. Er erfasst alle gesellschaftlichen Gruppen: die einfachen Bürger, den Arzt, die Schule, die Verwaltung und die Kirche. Dürrenmatt baut auf diese Weise zunehmend eine Kulisse der Bedrohung auf. Der Konsum steht in Verbindung zum Tod: Je mehr auf Pump gekauft wird, umso unabwendbarer ist Ills Tod.

Der Konsum der Güllener steigert sich quantitativ und qualitativ. Sie erstehen immer mehr und immer kostspieligere Dinge. Zuerst kaufen sie Lebensmittel wie Milch und Brot, dann Genussmittel wie Schokolade, Tabak, Bier oder Cognac, später Luxusartikel wie festliche Kleider, Pelzmäntel, Waschmaschinen

und Radios. Den Gipfel des Wohlstands bilden dann luxuriöse Autos und ein neues Stadthaus.

Auch der Pfarrer partizipiert am Wohlstand: Er kauft eine neue **Glocke für die Kirche**, die er selbst als „die Glocke des Verrats" (S. 76) bezeichnet. Damit wird er indirekt zum Mittäter. Die **Bahnhofsglocke** spielt bei Claires Ankunft eine Rolle. Sie kündigt die einfahrenden Züge an und warnt die Reisenden vor möglicher Gefahr durch diese Züge (S. 14, 15, 17 und 20). Zugleich erscheint ihr Glockenton als Warnsignal an die Güllener, sich nicht durch Selbstüberschätzung (vgl. die Bemerkungen zur allgemeinen und kulturellen Bedeutung Güllens, S. 14 und 15) oder selbstgerechte Ignoranz (vgl. S. 17) anfällig für wirkliche Gefahren zu machen, die das Gemeinwesen bedrohen können. Eine solche echte Gefahr bildet der Besuch Claires, der ebenfalls durch einen Glockenton angekündigt wird. Sinnigerweise ertönt die Bahnhofsglocke später auch bei Ills Fluchtversuch, bevor der Lehrer Ill scheinheilig versichert, „wie beliebt" er sei (S. 82).

Beim Einzug Claires (S. 31) „bimmelt" die **Feuerglocke** zu spät, sodass sie nicht Claire, sondern den schwarzen Sarg begrüßt beziehungsweise davor warnt.

Zur akustischen Untermalung und Verstärkung des Geschehens dient auch Ills **Ladenglocke**. Am Anfang klingt sie *„dünn"* (S. 51) und entspricht damit seiner finanziellen Lage. Später läutet sie entsprechend dem wirtschaftlichen Aufschwung *„pompös"* (S. 91) und verweist damit auf den wirtschaftlichen Aufschwung und auf die steigende Gefahr für Ill: Selbst seine eigene Familie und sein eigenes Geschäft werden für ihn zur Bedrohung.

Die Motivbereiche Konsum und Tod vereinigen sich eindringlich in dem Dingsymbol des **Beils** und in der Situation seines doppelten **Verkaufs**, die symbolisch Ills Hinrichtung durch die Güllener und seine Bereitschaft, den Tod anzunehmen, vorwegnimmt (vgl. S. 92, 100): Nach dem Verkauf des Beils durch seine Frau übergibt Ill in einer Wiederholung für die Kameras der

„Pressemänner" einem seiner potenziellen Henker das Werkzeug und Richtinstrument. Einer der Journalisten kommentiert die erfolgreiche Aufnahme mit dem doppeldeutigen Fachausdruck der Fotografen: „Gestorben." (S. 100)

Die Farbe **Gelb** weist auf **Gold** hin, das Symbol des Reichtums. Die **gelben Schuhe**, die immer mehr Einwohner Güllens wie die Geheimzeichen von Verschwörern tragen und die Ill allmählich den Ernst seiner Lage erkennen lassen, sind Symbol für ungerechtfertigten Wohlstand und Verschuldung, die schließlich zum Mord führen. Sie zwingen die Güllener, die Bedingung für den Erhalt des nötigen Geldes zu erfüllen. Für Ill werden sie zu einem eindringlichen Symbol des Verrats.

Dieser Motivbereich erschöpft sich aber nicht in den gelben Schuhen: Der Polizist hat außerdem auch einen „neuen blitzenden Goldzahn" (S. 65). Am Bahnhof fordert ein Plakat *„mit einer strahlenden gelben Sonne"* (S. 80) dazu auf, in den Süden zu reisen – in den Ills Leiche ja dann auch gebracht wird. Claire bezeichnet ihren verstorbenen ersten Mann als „alten, goldenen Maikäfer" (S. 37) und verfügt nach Ills Ansicht über einen „goldenen Humor" (S. 41). Der Lehrer fragt in der Gemeindeversammlung rhetorisch, ob Claire die Stadt „mit Gold überhäufen" wolle (S. 120). Bei der letzten Ausfahrt in den Wald stellt Ill fest: „Gelb alles, nun ist der Herbst auch wirklich da. Laub am Boden wie Haufen von Gold." (S. 112) Dürrenmatt kommentiert zudem ironisch in den „Randnotizen" zu seinem Stück, der Name Güllen solle wegen des Wohlstandes „auf Begehren der stimmfähigen Bürger in Gülden umgewandelt werden" (S. 139).

Dürrenmatt gestaltet durch die Verwendung der Motivkomplexe Liebe, Tod und Konsum und ihre Verbindung eine zusätzliche Bedeutungsschicht der Gefährdung und Bedrohung, die immer dichter wird, je mehr sich das Verhängnis über Ill zusammenzieht. Dadurch gewinnt der Zuschauer oder Leser den Eindruck, dass Ill seinem Schicksal nicht entrinnen kann.

Sprache

Die Sprache der Personen ist zum einen gekennzeichnet durch ihre **„Doppelbödigkeit"** (Jauslin, S. 93), vor allem aber durch ihre **verschleiernde Funktion**. Beispiele für die Sprache mit doppeltem Boden, die oft auch vorausdeutende Funktion haben, sind Ills Bemerkung vor Claires Ankunft, Claire liebe die Gerechtigkeit (vgl. S. 19), ihre Fragen kurz nach ihrer Ankunft, deren Zusammenhang auf einen zukünftigen Todesfall hinweisen (S. 29 f.), Ills Kommentar, Claires Bemerkungen seien zum „Totlachen" (S. 41), die Bezeichnung Ills als die „beliebteste" und „wichtigste" Persönlichkeit in Güllen (S. 57), Claires Kommentar vom Balkon aus, als Ill die Güllener verzweifelt fragt, womit sie zahlen wollen (vgl. S. 60), die Bemerkung von Ills Kunden, er würde „[t]odsicher" zum Bürgermeister gewählt (S. 57), die Kennzeichnung der Situation nach Claires Enthüllung durch die Bühnenanweisung *„Totenstille"* (S. 45) und vor allem die Äußerungen verschiedener Figuren des Stücks bei der Pantherjagd, die Ill zu Recht auf sich bezieht.

Die Güllener haben ihre Reden nicht so recht unter Kontrolle. Daher verraten sie sich unfreiwillig. Die von ihnen angeblich hochgehaltenen Werte sind zu Leerformeln geworden. Durch den situativen Kontext erhalten gängig gebrauchte Wörter und Wendungen wie „todsicher" wieder ihre ursprüngliche Bedeutung, ohne dass dies den Güllenern bewusst wird. Dieser verräterische Sprachgebrauch kommt so häufig vor, dass das Stück insgesamt sowohl als Beispiel für die Verfälschung beziehungsweise Ideologisierung der Wirklichkeit durch Sprache als auch als Beispiel für die Entlarvung von Sprechern durch ihren Sprachgebrauch herangezogen werden kann.

Die Verfälschung der Wirklichkeit durch Sprache wird schon in der Begrüßungsrede des Bürgermeisters deutlich, als dieser Claire zu einem „Vorbild" stilisiert, woraufhin sie in ihrer direkten Art den Sachverhalt richtigstellt (vgl. S. 43 f.). Verschleiernd, aber verräterisch, ohne dass es ihm bewusst ist, wirkt die pathetische Antwort des Bürgermeisters auf Claires unmoralische Bedingung (vgl. S. 50). In parataktisch gebauten Sätzen und einem Satzfragment lehnt er das Angebot eindeutig ab: Die Aussage ist dabei so stark überstrukturiert, dass der Inhalt an Überzeugungskraft verliert. So wird sie bereits zum Hinweis auf das nachfolgende Verhalten der Güllener.

In der Folge verschleiern die Güllener immer mehr, was sie tun oder tun wollen. Sprache dient ihnen nicht nur dazu, andere zu täuschen, sondern vor allem dazu, sich selbst zu belügen, damit sie ihr gutes Gewissen behalten können. Höhepunkt dieser Selbsttäuschung, verbunden mit bewusster Irreführung der Öffentlichkeit, ist die Rede des Lehrers, der den Mord als Verwirklichung der Idee der Gerechtigkeit ausgibt. (vgl. *Interpretationshilfe* S. 97).

Dürrenmatt verwendet in seinem Drama drei verschiedene **Formen des Dialogs**: das Zueinandersprechen, das Nebeneinandersprechen und das Aneinandervorbeireden (vgl. Syberberg, S. 20 ff.).

Beim **Zueinandersprechen** stehen sich zwei konträre Meinungen gegenüber; die Dialogpartner können einander jedoch nicht überzeugen. Bei dieser Dialogform herrscht Klarheit über die jeweiligen Absichten, das Ergebnis ist offen oder kontrovers. Beispiele sind die Dialoge, in denen Ill den Polizisten, den Bürgermeister und den Pfarrer von seiner Gefährdung überzeugen will. Für Ill ist Reden die letzte Hoffnung – nur so, glaubt er, hat er noch eine Chance, davonzukommen (vgl. S. 71). Später redet er nicht mehr und verzichtet auf diese Chance, die sich ohnehin als zweifelhaft entpuppt hat.

Claires Art zu sprechen kann dieser Dialogart zugezählt werden. Sie redet unverblümt, oft mit brutaler Offenheit und meist in parataktischem Stil. Weil sie über die Macht des Geldes verfügt, braucht sie nicht auf Verbindlichkeit zu achten oder Gesprächsstrategien zu entwickeln. Ihre Sprache wirkt durch ihre Direktheit ernüchternd und entlarvt oft ironisch oder sogar sarkastisch das Sprachpathos, die Sprachklischees oder die Heuchelei Ills, ihrer Männer sowie der Güllener (vgl. etwa S. 26, 38, 44, 58, 90).

Die Dialogform des **Nebeneinandersprechens** nimmt im Drama breiten Raum ein. Voraussetzung ist die gleiche Meinung der Beteiligten. Gesprächspartner sollen nicht überzeugt, sondern Situationen charakterisiert werden. Diese Form des Sprechens ist für die Güllener typisch. Beispiele sind der Beginn des Geschehens, als einige Bürger sich über die Situation ihrer Stadt unterhalten (vgl. S. 13 f.). Die Personen verfügen über das gleiche Wissen, deshalb genügen Stichworte, um den Dialog fortzuführen; oder man will ihn nicht fortsetzen, weil man schon weiß, was gesagt werden wird: Das ist der Fall, als der Pfarrer in der Todesszene Ill den Namen des Propheten Amos nennt. Ill weiß, was nun kommt, der Pfarrer braucht nichts mehr zu sagen (vgl. S. 128).

Diese Form des Sprechens ist eigentlich ein auf verschiedene Personen verteilter Monolog. Er kann chorischen Charakter annehmen und – wenn immer gleiche Stichworte wiederholt werden – zu einer Art von Litanei werden. Dieses Phänomen fängt beim mechanischen Nachplappern von Worten an, wie etwa bei den beiden Eunuchen, die dadurch wie eine einzige Person wirken (vgl. S. 32, 47 f., 97). Auf höherem Niveau vollzieht sich dieses gemeinsame Sprechen in der Bahnhofszene (vgl. S. 82 ff.), später, als Ills Tod beschlossen wird (vgl. S. 124–126), und schließlich am Schluss, als die Güllener in zwei Chören eine Hymne auf den Wohlstand sprechen (vgl. S. 132–134).

Diese Form des Dialogs wird zweimal am Schluss eines gemeinsam vollbrachten Geschehens verwendet, dem sie dadurch stärkeres Gewicht verleiht. Sie drückt die Harmonie der Sprecher und ihre gemeinsamen Handlungsabsichten aus.

Zum **Aneinandervorbeireden** kommt es, wenn die Partner zwar die gleichen Worte gebrauchen, sie jedoch jeweils anders meinen und einander daher missverstehen. Voraussetzung für einen solchen Sprachgebrauch ist die Doppel- oder sogar Mehrdeutigkeit, die die Sprache aufgrund unterschiedlicher Einstellungen, Interessen und Absichten der Sprecher annehmen kann. Konsequenz dieses Aneinandervorbeiredens sind Handlungen, die aus Sicht der anderen Figuren den Worten der Handelnden zuwiderlaufen.

Besonders **allgemeine Begriffe** eignen sich dazu, unterschiedlich verstanden zu werden und so zur Verschleierung oder Umdeutung der Realität beizutragen. Als die Reporter Frau Ill nach dem Motiv für ihre Heirat fragen, antwortet sie: „Aus Liebe." Die Güllener wiederholen „*erleichtert* Aus Liebe". Der Reporter wiederholt ebenfalls: „Aus Liebe." (S. 97) Alle reden aneinander vorbei, weil jeder entsprechend seiner Interessenlage etwas anderes unter „Liebe" versteht: Frau Ill sagt, dass Liebe tatsächlich ihr Motiv war. Ob das stimmt, bleibt dahingestellt. Deutlich wird jedenfalls, dass es Frau Ill darum geht, sich vor der Öffentlichkeit ins rechte Licht zu setzen: Sie gibt die zu erwartende, opportune Antwort. Die Güllener bestätigen schnell das Wort, weil sie daran interessiert sind, dass die Wahrheit nicht ans Licht kommt. Die Reporter akzeptieren den Begriff, weil sie daraus eine triviale Lovestory machen können. So wird Ills Zweckheirat zu einer Liebesheirat umgedeutet.

Strukturbestimmend für das gesamte Stück ist das unterschiedliche Verständnis des Begriffs „Gerechtigkeit". Claire, Ill und die Güllener verstehen jeweils etwas anderes darunter und reden aneinander vorbei, wenn sie den Begriff gebrauchen (vgl. *Interpretationshilfe* S. 57–60). In der Schlussszene ist die angebliche Gerechtigkeitsliebe der Güllener für die Reporter Ausdruck ihrer „sittliche[n] Größe" (S. 122); für die Güllener ist sie Vorwand zum Mord.

6 Interpretation von Schlüsselstellen

Die Ansprache des Lehrers (S. 120–122)

Die Rede des Lehrers in der Gemeindeversammlung ist eine Art Gerichtsrede und hat deren Aufbau. In der **Einleitung** nennt er die **Thematik**: Frau Zachanassian gehe es allein um „Gerechtigkeit". Dann bezieht er das Publikum mit ein, um sich seiner Gefolgschaft zu versichern. Eine rhetorische Frage liefert das Stichwort zur Beschreibung der **Situation**: Die Gemeinde sei keine gerechte Gemeinschaft gewesen, weil sie ein „Fehlurteil", einen „Meineid" und einen „Schuft" unter sich geduldet habe.

Im längeren **Hauptteil** tut der Lehrer so, als müsse er gegnerische Argumente entkräften. Es gehe nicht um Geld, sondern um die ererbten „Ideale", die den „Wert unseres Abendlandes ausmachen", also um „Gerechtigkeit", „Freiheit" und „Nächstenliebe". Damit hat er sich eine Grundlage geschaffen, von der aus er materialistische Werte verurteilen kann. Er tut dies, indem er in einen Ton verfällt, der an die biblische Bergpredigt erinnert: So verwendet er Begriffe wie „Gnade", die er jedoch verräterischerweise in einem Atemzug mit „Reichtum" nennt.

Die Güllener verurteilen Ill zum Tod: Hussam Nimr als Bürgermeister, Stefan Maaß als Lehrer und Oliver Bürgin als Ill („Schauburg")

Der Lehrer spricht vom „Hunger" nach „Gnade" und trifft damit etwas Richtiges, denn die Güllener haben Gnade nötig. In der

Bergpredigt ist jedoch vom Hunger nach Gerechtigkeit die Rede. Dem „profanen [...] Hunger des Leibes" stellt der Lehrer den erstrebenswerten „Hunger des Geistes" gegenüber und setzt voraus, dass seine Mitbürger über gerade diesen „Hunger" verfügen. Seine Rede schließt er mit einem **Appell** an die Güllener: Nur unter der Bedingung, dass es ihnen um Gerechtigkeit gehe, dürften sie das Geld annehmen.

Sowohl die Zwischenrufe der Güllener als auch die Bemerkung des Redners, die „Freiheit" stehe „auf dem Spiel, wenn die Nächstenliebe verletzt, das Gebot, die Schwachen zu schützen, mißachtet, die Ehe beleidigt, ein Gericht getäuscht, eine junge Mutter ins Elend gestoßen" werde, zielen auf Ill, auch wenn sein Name in diesem Zusammenhang nicht erwähnt wird, weil seine wahre Rolle der Öffentlichkeit verborgen werden muss.

Diese Strategie geht auf: Die Reporter beziehen die bewusst allgemein gehaltene Argumentation nicht auf Ill. Sie sind zu schnell bereit, sich mit dem Schein, der Oberfläche, zufriedenzugeben, nicht genauer nachzuforschen und die von ihnen erwarteten Klischees wie Verzicht aus Liebe und Belohnung für Gerechtigkeit zu bedienen. Beispiel für diese Wirkung der verschleiernden Sprache des Lehrers auf die Öffentlichkeit ist der Kommentar des Radioreporters, der von der „sittliche[n] Größe" der Rede spricht.

Der Lehrer zieht bei seiner Rede alle rhetorischen Register, über die er als humanistisch gebildeter Mensch verfügt. Rhetorische und suggestive Fragen sollen die Zuhörer überzeugen, Ausrufe, Anreden, Wiederholungen, Pseudoargumente, Aufzählungen und Appelle erhöhen die Eindringlichkeit des Gesagten. Den gleichen Zweck erfüllt die vorwiegend parataktisch gestaltete Syntax: Satzteile laufen parallel („Ich erkenne [...]", „ich übersehe [...]"), Alliterationen („materielle Möglichkeit", „gerechtes Gemeinwesen", „gelebt und gestritten") und anaphorische Satzanfänge werden verwendet („Es geht nicht um Geld,

[…], es geht nicht um Wohlstand […]"). Hochwertwörter wie „Gerechtigkeit" und „Freiheit" erlauben keinen Widerspruch, sind unterschiedlich zu verstehen und stellen den Sachverhalt und die Argumentation jenseits aller Kritik.

Die eigentliche Absicht, nämlich durch Mord zu Geld zu kommen, wird als vermeintliche Gegenposition und Antithese zwar mehrmals genannt, jedoch als eigenes Motiv immer wortreich abgestritten. Nur an einer Stelle verrät der Lehrer unbewusst das verschleierte, eigentliche Motiv des Handelns: Er verwendet die Redensart, man müsse „in Gottes Namen […] blutigen Ernst" machen. In dieser Situation erhält die im alltäglichen Sprachgebrauch oberflächlich gebrauchte Wendung wieder ihre ursprüngliche Bedeutung, was dem Sprecher jedoch selbst nicht bewusst ist.

Durch die Betonung des abstrakten und vieldeutigen Begriffs Gerechtigkeit als fundamentalem Wert wird das daraus abgeleitete Handeln legitimiert. Die Güllener dürften die Milliarde nur annehmen, wenn sie auf keinen Fall in einer ungerechten Welt leben könnten. Die Verstrickung der Güllener in Schuld wird so als positive Tat dargestellt. Auf diese Weise ideologisiert und verschleiert der Lehrer nach außen hin das Verbrechen, was den Güllenern sehr wohl bewusst ist: Der Bürgermeister sagt zuvor zu Ill: „[…] nur die Eingeweihten werden den Sinn der Verhandlung verstehen" (S. 107).

Der Lehrer führt in seiner Rede vor, wie man moralisches Handeln vorgeben und unmoralisches Tun meinen kann. Moral soll den Menschen eigentlich an Verbrechen hindern. Vom Lehrer wird sie jedoch so dargestellt, dass sie die Notwendigkeit von Ills Tötung begründet.

Die Rede des Lehrers erinnert in ihrer perfiden Rhetorik „deutlich an Goebbelsreden" und an politische Sonntagsreden, die „nur scheinbar harmlos sind und […] zur Rechtfertigung politischer Untaten angewendet" werden (Knopf 1996, S. 81).

Der Schlusschor (S. 132 f.)

Mit dem Überreichen des Checks durch Claire an die Güllener (vgl. S. 131) könnte das Drama zu Ende sein. Aber Dürrenmatt hängt noch einen chorischen Wechselgesang an, in dem ein banaler Inhalt in feierlicher Form besungen wird. Dieser Gesang ist eine Parodie auf den Chorgesang am Ende des ersten Aktes von Sophokles' Tragödie *Antigone*: „Viel Ungeheures ist, doch nichts / so Ungeheures wie der Mensch."

Bei Sophokles ist der Schlusschor ein Preisgesang auf den Menschen, der sich selbst gefunden hat, die Natur beherrscht, Städte gründet, die Sprache kennt, sogar Krankheiten zu widerstehen vermag und nur den Tod nicht überwinden kann. Er besitzt „eine nie erhoffte Gewalt" und verfügt über sittliche Entscheidungsfreiheit: Er „schreitet [...] bald zum Bösen, bald zum Guten", kann also Gut und Böse klar unterscheiden. Aber er muss „die Gesetze des Lands / und das bei den Göttern beschworene Recht" achten, also übergeordnete soziale und moralische Normen respektieren.

Vor diesem Hintergrund wird die parodistische Absicht von Dürrenmatts chorischem Sprechen deutlich. Er übernimmt Sophokles' ersten Vers – „Ungeheuer ist viel [...]" –, aber er zählt keine Beispiele für die Schaffenskraft und Größe des Menschen auf, sondern einen Katalog von Mächten, die den Menschen in seiner Eigenständigkeit beeinträchtigen. Es sind Natur- und Kriegskatastrophen, hinzu kommt die Atombombe. Bei Sophokles ist der selbstbewusste Mensch, der die göttlichen Gesetze achtet, das Ungeheure, Großartige. Dürrenmatt greift die Wendung auf, betont aber die Abhängigkeit des Menschen von seiner sozialen Situation, die besonders in Form von Armut seine menschliche Entfaltung verhindert und den Verrat von Werten begründet: „Doch nichts ist ungeheurer als die Armut [...]."

Sophokles zeichnet die Utopie eines Menschen, der sich selbst verwirklicht und seine Umwelt sowie sein Leben meistert.

Dürrenmatt hingegen verkehrt parodistisch die Situation und zeigt das Bild des unterjochten Menschen in der völlig veräußerlichten Lage seines materiellen Wohlstandes. Die Automatik des Konsums ist an die Stelle der Selbstbestimmung getreten. Wenn sich „Alle" im Wechselgespräch mit Frau Ill freuen, „Wohl uns / Denen ein freundlich Geschick / Dies alles wandte", so ist dieses „freundlich Geschick" nicht mehr der unerforschliche Wille der Götter, sondern die Milliarde der Frau Zachanassian, erhalten durch einen Mord. Die sittlichen Gesetze, die früher sowohl das soziale Leben als auch das moralische Verhalten des Einzelnen bestimmten, haben nun keine Geltung mehr. Wie Ill damals Kläri opferte, um zu bescheidenem Wohlstand zu kommen, so opfert nun die Stadt Güllen Ill, um zu enormem Reichtum zu kommen. Der Chor formuliert die „schlimmstmögliche Wendung" des Geschehens, weil die Güllener ihren moralischen Verfall noch hymnisch feiern.

Im zweiten Teil ihres Liedes (ab S. 133, Z. 3) preisen die beiden Chöre den Wohlstand. In feierlich pathetischer Form zählen sie auf, was den Luxus ausmacht, in dem die Güllener sich sonnen. Es sind Dinge, deren Besitz und Genuss für den Einzelnen sicher erfreulich ist, die aber ebenso gewiss nicht geeignet sind, einem Menschen einen wirklichen Lebenssinn zu geben. Durch die begeistert verklärte Aufzählung letztlich banaler Freuden wird eine nicht nur komische, sondern sogar groteske Wirkung erzeugt: „Es steuert der Bursch den sportlichen Wagen" (gemeint ist wohl Ills Sohn); „Das Mädchen jagt nach dem Ball auf roter Fläche" (eine Anspielung auf Ills Tochter, die ja nun Tennis spielt); „Im neuen, grüngekachelten Operationssaal operiert freudig der Arzt" (der den Totenschein für Ill ausgestellt hat); „Zufrieden / Wohlbeschuht / Schmaucht ein jeglicher besseres Kraut" (der gemeinsam vollbrachte Mord stört nicht die spießbürgerliche Idylle); „Lernbegierig lernen die Lernbegierigen", stellt der Lehrer fest, der die abendländischen Werte verraten hat.

Dürrenmatt will den Gesang der beiden Chöre nicht als „*zufällig*" verstanden wissen, sondern als „*Standortbestimmung, als gäbe ein havariertes Schiff, weit abgetrieben, die letzten Signale*" (S. 132). Bei Sophokles bilden die weisen Thebanischen Alten die beiden Chöre, die sich gegenüberstehen, bei Dürrenmatt sind es reich gewordene „Mörder in Fräcken und Abendkleidern" (Profitlich 1977, S. 341).

Dürrenmatt will durch dieses Missverhältnis zwischen Inhalt und Form nicht den griechischen Chor lächerlich machen. Er schreibt, Sophokles werde „nicht verhöhnt" (S. 140). Vielmehr achte der Autor ihn hoch. Er will die Güllener entlarven, die in lächerlichem Pathos die Armut beklagen und ihren Wohlstand feiern. Die **Alternative**, mit der sie sich konfrontiert sehen, ist nicht mehr der alte Gegensatz zwischen dem von den Göttern verhängten Schicksal und dem moralischen Vermögen des Menschen, sondern die schlichte Alternative zwischen Armut einerseits und Wohlstand andererseits; und zwar Wohlstand mit allen Mitteln, auch auf Kosten der Moral. Die Verblendung der Güllener erreicht hier ihren Höhepunkt: Sie eignen sich ungerechtfertigterweise eine Ausdrucksweise an, die eigentlich nur einer auf einem höheren Sittengesetz beruhenden Lebenshaltung zukommt.

Werk und Wirkung

1 Aufführungsgeschichte

Die Uraufführung

Dürrenmatts „tragische Komödie in drei Akten", so lautete damals der Untertitel, entstand 1955, hatte am 29. Januar 1956 im Schauspielhaus Zürich Premiere und erschien im gleichen Jahr im Druck. Oskar Wälterlin führte bei der Uraufführung Regie, die beiden Hauptrollen spielten Therese Giehse und Gustav Knuth.

Das Presse-Echo der Uraufführung war vorwiegend positiv, es gab allerdings auch kritische Stimmen. Elisabeth Brock-Sulzer stellte in der Zürcher Zeitschrift *Die Tat* fest, dass der Autor „einen wirklichen, starken, tragenden Stoff gefunden" habe (Ausgabe vom 1. Februar 1956, zitiert nach: Schmidt, S. 33 ff.) und lobte vor allem die Hauptdarstellerin, die „die Gerechtigkeit, ein Abstraktum, ein Roboter des Geistes" sei. Das Geschehen entwickle sich aus „dem Mittel der Sprache", was bewundert werden müsse. „Der Vorhang senkt sich hier über einer schauerlichen Anklage der Menschheit, die nur um so schauerlicher wird dadurch, daß der Einzige, der die angeborene Feigheit des Menschen überwindet, dieser Feigheit zum Opfer gebracht wird wie ein Schlachtopfer alter Zeiten." Die Kritikerin sagte dem Stück einen lang andauernden Erfolg voraus.

Auch Jakob Welti lobte in der *Neuen Zürcher Zeitung* die Hauptdarstellerin, die das „geldschwere, unerbittlich harte alte Weib" hervorragend spiele (Ausgabe vom 3. Februar 1956, zitiert nach: Schmidt, S. 37 ff.). Ihn beeindruckte, dass der alten Dame mit dem Krämer Ill „ein mit seinen Nöten wachsender

Protagonist entgegengestellt" worden sei. Positiv wertete er „die dramaturgische Linienführung". Er beklagte allerdings, dass das Stück sich „bei manchem Witz [...] reichlich in die Breite" entwickele und „den Hörer und Zuschauer" ermüde, „namentlich im letzten Akt".

Besonders kritisch ging Hansres Jacobi in der Hamburger Tageszeitung *Die Welt* mit dem Stück um. Er lobte den, wie er fand, blendenden Einfall, meinte jedoch, dieser werde „in seiner Wirkung durch die mangelnde Folgerichtigkeit der Durchführung beeinträchtigt. Unbefriedigend bleibt, daß das Opferlamm von Anfang an befleckt ist; die Satire wird geschwächt, weil der Mann, der geopfert wird, tatsächlich ein strafbares Verbrechen begangen hat" (Ausgabe vom 3. Februar 1956, zitiert nach: Schmidt, S. 44 f.). Besonders störte Jacobi, dass sich vor Ills Leiche „vermeintliche Rache in billige Sentimentalität" auflöse. „Dieser verwaschene Gefühlsausbruch stört nicht nur die Folgerichtigkeit des Handlungsimpulses der Frau Zachanassian, sondern läßt deren ganzes Leben als reichlich pervers und absurd erscheinen." – Ungeachtet solcher kritischen Einwände wurde *Der Besuch der alten Dame* ein großer Publikumserfolg.

Weitere Aufführungen

In der Bundesrepublik wurde das Stück zum ersten Mal am 11. Mai 1956 in den Münchner Kammerspielen aufgeführt, wieder mit Therese Giehse in der Hauptrolle. 1959 folgte ein von Ludwig Cremer inszeniertes **Fernsehspiel** mit Elisabeth Flickenschild als Claire Zachanassian. In einer weiteren Fernsehverfilmung des Bühnenstücks aus dem Jahre 1982 (ARD, Regie: Max Peter Ammann) spielte Maria Schell die Hauptrolle.

Nach den ersten Aufführungen in deutschsprachigen Theatern trat das Stück seinen **Siegeszug durch ganze Welt** an. Es kam zu Aufführungen in Polen, Schweden, Japan, England, den USA, Kanada, Frankreich, Israel, Italien und sogar in der UdSSR, dort allerdings erst 1976. In der Saison 1958/59 wurde *Der*

Besuch der alten Dame als bestes ausländisches Stück am Broadway ausgezeichnet, obwohl der Regisseur Peter Brooks sinnentstellende Veränderungen vorgenommen hatte. 1963 wurde das Stück **in Hollywood** unter dem Titel *The Visit* **verfilmt**. Regie führte Dürrenmatts Freund Bernhard Wicki. Die Hauptrollen spielten Ingrid Bergmann und Antony Quinn. Im Unterschied zum Theaterstück fand der Film ein versöhnliches, triviales Ende, dem Dürrenmatt zunächst seine Zustimmung erteilte, mit dem er aber später nicht mehr zufrieden war.

1971 arbeitete Dürrenmatt am Libretto der **Opernfassung** des Komponisten Gottfried von Einem mit. Der Text wurde um ein Drittel gekürzt; dadurch fiel die psychologische Motivierung des Geschehens weg. Die Oper war kein großer Erfolg.

Insgesamt entstanden **etwa 120 fremdsprachige Bühnenversionen**. Der Autor selbst nahm später nur noch geringe Veränderungen an seinem Stück vor und veröffentlichte als Fassung letzter Hand im Rahmen einer Neuausgabe seiner Werke 1980 die „Neufassung 1980", die dieser Interpretationshilfe zugrunde liegt. An den europäischen Erstaufführungen nahm er regen Anteil und war bei zahlreichen Premieren anwesend. In den letzten 25 Jahren kam es zu keiner großen Inszenierung mehr, kleinere Bühnen nahmen sich allerdings mit Erfolg des Dramas an.

2 Deutungsmöglichkeiten

Einig ist sich die Forschung über den Modell- beziehungsweise Parabelcharakter des Stücks. Sie ist der Meinung, dass es um die Käuflichkeit der Moral eines Kollektivs einerseits und die Anerkennung von Schuld durch einen Einzelnen andererseits geht. Anfangs betrachtete man das **Schuldproblem** als Kern des Ganzen, später rückte dann der **gesellschaftskritische Bezug** immer stärker in den Mittelpunkt der Aufmerksamkeit.

Entsprechend seiner Entstehungszeit betrachtete die Forschung das Stück meist vor dem gesellschaftlichen Hintergrund der Fünfzigerjahre. Die Schweiz, die Bundesrepublik und auch andere westliche Länder erlebten in dieser Zeit eine Phase der Hochkonjunktur. Durch den Marshallplan kamen amerikanisches Geld und amerikanische Waren nach Europa und führten zu wachsendem Wohlstand, aber auch zu einem immer stärkeren Materialismus – Sachwerte ersetzen moralische Grundsätze – und zur Entfremdung der Menschen untereinander.

In den meisten Interpretationen werden die Macht des Geldes und die Käuflichkeit der Güllener als die Hauptthemen des Stücks bezeichnet. Die Güllener Bürger seien die Repräsentanten der neuen westlichen Wohlstandsgesellschaft und Claire sei die Vertreterin des die Wirtschaft bestimmenden anonymen Großkapitals (vgl. Knopf 1987, S. 78 und 81, oder Labroisse, S. 223). Das Stück, in dem diese Gesellschaft entlarvt wird, wird deshalb als „eine Tragikomödie des Wirtschaftswunders" (Knapp und Knapp, S. 27) gesehen. Am Beispiel der Güllener Gesellschaft werde der Kapitalismus insgesamt mit seinen negativen Folgen kritisiert (vgl. Bänziger, S. 172). Folge dieses Wohlstands sei die Entfremdung der Menschen von sich selbst sowie die Käuflichkeit ihres Bewusstseins (vgl. Durzak, S. 98).

Kritisch wird in neuerer Zeit angemerkt, dass das Stück keine Alternativen aufzeige, sondern in einem „konstatierenden Zynismus" verharre (Große, S. 77). Allerdings könne sich der Zuschauer durch das Stück „Alibisierungsstrategien" (Labroisse, S. 223) bewusst machen, die in Gesellschaft und Politik üblich seien. Von einem gesellschaftskritischen Impuls des Werkes könne nur bedingt die Rede sein. Durch seine anonyme und kollektive Lösung des Schluss-Chores verhindere Dürrenmatt nicht, dass die Darstellung ins Triviale abgleite (vgl. Knopf 1996, S. 87). Auch Ills Durchbruch zum „mutigen Menschen" wird kritisch hinterfragt: Er habe ja keine andere Wahl gehabt.

Als ein anderes wichtiges Thema wird die **Gerechtigkeit** betrachtet. Das Stück sei „ein schrilles [...], nicht minder tiefgründiges Gleichnis zum Thema Recht und Rache" (Rüedi, S. 100). Die Gerechtigkeit, die sich im Stück vollziehe, sei ein Produkt des kapitalistischen Systems (vgl. Knapp und Knapp, S. 27). Sie sei allerdings übertrieben, ins Absurde übersteigert und ins Tragikomische verzerrt und führe zum Verlust der menschlichen Freiheit (vgl. Guthke, S. 247 f.).

Hinzu kommen neue Aspekte: Eine **psychoanalytische Deutung** betrachtet nicht nur die beiden Eunuchen, sondern die gesamte Stadt als durch die alte Dame kastriert und damit ihrer Individualität beraubt. Außer **mythologischen Bezügen** und Parallelen zu Sophokles' Dramen *Ödipus* und *Antigone* werden auch, durch die zahlreichen religiösen Anspielungen gestützt, **religiöse Bezüge** gesehen. Güllen sei zwar durch seine Gottferne gekennzeichnet, aber die theologische Perspektive sei auch in ihrer Negation immer vorhanden. Der Endzustand der Güllener lasse sich als eine „mit allen Vorzügen des Konsums ausgestattete Hölle" beschreiben (Durzak, S. 98).

In einer weiteren Interpretation wird eine Beziehung zum biblischen **Hiob** konstatiert (Kurt-J. Fickert: Dürrenmatt's *The Visit* and Job. In: *Books Abroad* 41/1967, S. 389–392). Im Mittelpunkt des Geschehens stehe der leidende Mensch, und das Drama gestalte eine Allegorie der Begegnung zwischen Gott und Hiob. Sowohl Ills als auch Hiobs große menschliche Leistung habe darin bestanden, den Sieg einer irrationalen Macht ergeben hinzunehmen.

Die verschiedenen Interpretationsansätze machen deutlich, dass Dürrenmatts *Der Besuch der alten Dame* ein vielschichtiges Werk ist, das auch künftig immer wieder zu neuer und fruchtbarer Auseinandersetzung anregen wird.

Literaturhinweise

Textausgaben

FRIEDRICH DÜRRENMATT: *Der Besuch der alten Dame. Eine tragische Komödie. Neufassung 1980.* Zürich: Diogenes Verlag 1980 (Nach dieser Ausgabe wird zitiert.)

FRIEDRICH DÜRRENMATT: *Die Physiker. Komödie.* Zürich: Diogenes Verlag 1980 (zitiert als: *Die Physiker*)

FRIEDRICH DÜRRENMATT: *Gesammelte Werke in sieben Bänden.* Zürich: Diogenes Verlag 1985, 1996 (zitiert als: GW)

SOPHOKLES: *Antigone.* Herausgegeben und übertragen von Wolfgang Schadewald. Frankfurt am Main: Insel Verlag 1976

Literatur über Dürrenmatt und den „Besuch der alten Dame"

In den letzten 20 Jahren beschäftigte sich die wissenschaftliche Forschung weniger mit Dürrenmatts erfolgreichen Theaterstücken wie *Der Besuch der alten Dame* als vielmehr mit seinem späteren Schaffen sowie mit Aspekten seines Gesamtwerks.

BÄNZIGER, HANS: *Frisch und Dürrenmatt.* Bern und München: Francke 1967. 5. Auflage. S. 168–178 (zitiert als: Bänziger)

DONALD, SYDNEY G: Der Reiz des Mythos. In: JÜRGEN SÖRING und ANNETTE MINGELS (Hrsg.): *Dürrenmatt im Zentrum. 7. Internationales Neuenburger Kolloquium 2000.* Frankfurt am Main: Peter Lang Verlag 2004, S. 129–145 (zitiert als: Donald)

DURZAK, MANFRED: *Dürrenmatt, Frisch, Weiss. Deutsches Drama der Gegenwart zwischen Kritik und Utopie.* Stuttgart: Reclam Verlag 1977, S. 91–102 (zitiert als: Durzak)

GOERTZ, HEINRICH: *Dürrenmatt mit Selbstzeugnissen und Bilddokumenten.* Reinbek bei Hamburg: Rowohlt Verlag 1987 (rowohlts monographien, Band 50380)

GASSER, PETER: Dramaturgie und Mythos. Zur Darstellbarkeit des Grotesken in Dürrenmatts Spätwerk. In: JÜRGEN SÖRING und ANNETTE MINGELS (Hrsg.): *Dürrenmatt im Zentrum* (vgl. Eintrag zu Donald), S. 191–208 (zitiert als: Gasser)

GROßE, WILHELM: *Friedrich Dürrenmatt*. Stuttgart: Reclam Verlag 1998, S. 67–79 (Reihe Literaturwissen, RUB 15214) (zitiert als: Große)

GUTHKE, KARL S.: Friedrich Dürrenmatt, Der Besuch der alten Dame. In: MANFRED BRAUNECK (Hrsg.): *Das deutsche Drama vom Expressionismus bis zur Gegenwart*. Bamberg: Verlag C. C. Buchner 1977, S. 241–257 (zitiert als: Guthke)

HEUER, FRITZ: Das Groteske als poetische Kategorie. Überlegungen zu Dürrenmatts Dramaturgie des modernen Theaters. In: *Deutsche Vierteljahresschrift für Literaturwissenschaft und Geistesgeschichte (DVjs)* 47 (1973), S. 730–768 (zitiert als: Heuer)

JAUSLIN, CHRISTIAN MARKUS: *Friedrich Dürrenmatt. Zur Struktur seiner Dramen*. Zürich: Juris 1964, S. 87–103 (zitiert als: Jauslin)

JOST, DOMINIK: Vom Gelde: „Der Besuch der alten Dame". In: ARMIN ARNOLD (Hrsg.): *Zu Friedrich Dürrenmatt*. Stuttgart: Klett Verlag 1982, S. 71–84 (zitiert als: Jost)

KNAPP, GERHARD P.: *Friedrich Dürrenmatt*. Stuttgart: Metzler Verlag 1980 (Sammlung Metzler, Band 196) (zitiert als: Knapp)

KNAPP, MONA UND GERHARD P. KNAPP: Recht – Gerechtigkeit – Politik. Zur Genese der Begriffe im Werk Friedrich Dürrenmatts. In: *Text + Kritik*, hrsg. von HEINZ LUDWIG ARNOLD Band 56: *Friedrich Dürrenmatt II* (zitiert als: Knapp und Knapp)

KNOPF, JAN: *Der Dramatiker Friedrich Dürrenmatt*. Berlin: Henschelverlag 1987, S. 73–87 (zitiert als: Knopf 1987)

KNOPF, JAN: *Friedrich Dürrenmatt*. 4. neubearbeitete Auflage. München: Verlag C. H. Beck 1988 (zitiert als: Knopf 1988)

KNOPF, JAN: Friedrich Dürrenmatt, „Der Besuch der alten Dame". Die fünfziger Jahre und ihre Auswüchse. In: *Interpretationen. Dramen des 20. Jahrhunderts.* Band 2. Stuttgart: Reclam Verlag 1996, S. 71–91 (zitiert als: Knopf 1996)

LABROISSE, GERD: Die Alibisierung des Handelns in Dürrenmatts „Der Besuch der alten Dame". In: GERHARD P. KNAPP und GERD LABROISSE (Hrsg.): *Facetten. Studien zum 60. Geburtstag Friedrich Dürrenmatts.* Bern, Frankfurt a. M., Las Vegas: Peter Lang Verlag 1981, S. 207–223 (zitiert als: Labroisse)

MINGELS, ANNETTE: Jener Einzelne. Kierkegaards Kategorie des Einzelnen als Grundkonstante in Dürrenmatts ideologiekritischem Denken. In: JÜRGEN SÖRING und ANNETTE MINGELS (Hrsg.): *Dürrenmatt im Zentrum* (vgl. Eintrag zu Donald), S. 259–275 (zitiert als: Mingels)

SCHMIDT, KARL (Hrsg.): *Friedrich Dürrenmatt. Der Besuch der alten Dame.* Stuttgart: Reclam Verlag 1999 (Erläuterungen und Dokumente, RUB 8130) (zitiert als: Schmidt)

PROFITLICH, ULRICH: *Friedrich Dürrenmatt. Komödienbegriff und Komödienstruktur. Eine Einführung.* Stuttgart: Kohlhammer Verlag 1973 (zitiert als: Profitlich 1973)

PROFITLICH, ULRICH: Dürrenmatt, „Der Besuch der alten Dame". In: WALTER HINCK (Hrsg.): *Die deutsche Komödie. Vom Mittelalter bis zur Gegenwart.* Düsseldorf: Bagel Verlag 1977, S. 324 bis 341 (zitiert als: Profitlich 1977)

RÜEDI, PETER: Die Grenze, die Reise, die Heimkehr. Grundmotive im Werk Dürrenmatts. In: *Text + Kritik,* hrsg. von HEINZ LUDWIG ARNOLD. Band 56: *Friedrich Dürrenmatt.* Dritte Auflage: Neufassung Dezember 2003, S. 98–106 (zitiert als: Rüedi)

SYBERBERG, HANS-JÜRGEN: *Zum Drama Friedrich Dürrenmatts. Zwei Modellinterpretationen zur Wesensdeutung des modernen Dramas.* Diss. München 1963, S. 5–67 (zitiert als: Syberberg)

Ihre Meinung ist uns wichtig!

Ihre Anregungen sind uns immer willkommen. Bitte informieren Sie uns mit diesem Schein über Ihre Verbesserungsvorschläge!

Titel-Nr.	Seite	Vorschlag

Bitte hier abtrennen

Lernen • Wissen • Zukunft

20-V1P

Bitte ausfüllen und im frankierten Umschlag an uns einsenden. Für Fensterkuverts geeignet.

**STARK Verlag
Postfach 1852
85318 Freising**

Zutreffendes bitte ankreuzen! Die Absenderin/der Absender ist:

- Lehrer/in in den Klassenstufen: _____
- Fachbetreuer/in
  - Fächer: _____
- Seminarlehrer/in
  - Fächer: _____
- Regierungsfachberater/in
  - Fächer: _____
- Oberstufenbetreuer/in

- Schulleiter/in
- Referendar/in, Termin 2. Staatsexamen: _____
- Leiter/in Lehrerbibliothek
- Leiter/in Schülerbibliothek
- Sekretariat
- Eltern
- Schüler/in, Klasse: _____
- Sonstiges: _____

Kennen Sie Ihre Kundennummer?
Bitte hier eintragen.

Absender (Bitte in Druckbuchstaben!)

Name/Vorname

Straße/Nr.

PLZ/Ort/Ortsteil

Telefon privat | Geburtsjahr

E-Mail

Schule/Schulstempel (Bitte immer angeben!)

Unterrichtsfächer: (Bei Lehrkräften!)

Bitte hier abtrennen

STARK Interpretationshilfen und Trainingsbände für die Oberstufe

Deutsch Interpretationen

Aehnlich:
Alle sterben, auch die Löffelstöre .... Best.-Nr. 2400621
Andersch:
Sansibar oder der letzte Grund .... Best.-Nr. 2400721
Becker: *Bronsteins Kinder* .... Best.-Nr. 2400671
Brecht: *Der aufhaltsame Aufstieg des Arturo Ui* .... Best.-Nr. 2400281
Brecht: *Der kaukasische Kreidekreis* .... Best.-Nr. 2400171
Brecht: *Leben des Galilei* .... Best.-Nr. 2400011
Brecht: *Mutter Courage und ihre Kinder* .... Best.-Nr. 2400521
Brussig: *Am kürzeren Ende der Sonnenallee* ..... Best.-Nr. 2400201
Büchner: *Dantons Tod* .... Best.-Nr. 2400121
Büchner: *Der Hessische Landbote* .... Best.-Nr. 2400461
Büchner: *Lenz* .... Best.-Nr. 2400431
Büchner: *Leonce und Lena* .... Best.-Nr. 2400261
Büchner: *Woyzeck* .... Best.-Nr. 2400042
Dürrenmatt: *Der Besuch der alten Dame* .... Best.-Nr. 2400341
Dürrenmatt: *Der Verdacht* .... Best.-Nr. 2400571
Dürrenmatt: *Die Physiker* .... Best.-Nr. 2400651
Eichendorff: *Aus dem Leben eines Taugenichts* .... Best.-Nr. 2400071
Eichendorff: *Das Marmorbild* .... Best.-Nr. 2400081
Fontane: *Effi Briest* .... Best.-Nr. 2400371
Fontane: *Irrungen, Wirrungen* .... Best.-Nr. 2400401
Fontane: *Frau Jenny Treibel* .... Best.-Nr. 2400611
Frisch: *Biedermann und die Brandstifter* .... Best.-Nr. 2400531
Frisch: *Homo faber* .... Best.-Nr. 2400031
Frisch: *Andorra* .... Best.-Nr. 2400131
Goethe: *Faust I* .... Best.-Nr. 2400511
Goethe: *Iphigenie auf Tauris* .... Best.-Nr. 2400361
Goethe: *Gedichte (1771–1783)* .... Best.-Nr. 2400181
Goethe: *Die Leiden des jungen Werther* Best.-Nr. 2400051
Hauptmann: *Die Ratten* .... Best.-Nr. 2400411
Hein: *Der fremde Freund/Drachenblut* ... Best.-Nr. 2400061
E.T.A. Hoffmann: *Der Sandmann* .... Best.-Nr. 2400351
Hesse: *Siddharta* .... Best.-Nr. 2400711
Horváth: *Geschichten aus dem Wiener Wald* .... Best.-Nr. 2400581
Kafka: *Der Proceß* .... Best.-Nr. 2400481
Kafka: *Die Verwandlung/Das Urteil* .... Best.-Nr. 2400141
Kehlmann: *Die Vermessung der Welt* ... Best.-Nr. 2400701
Keller: *Romeo und Julia auf dem Dorfe* Best.-Nr. 2400321
Kerner: *Blueprint. Blaupause* .... Best.-Nr. 2400391
Kleist: *Der zerbrochne Krug* .... Best.-Nr. 2400541
Kleist: *Die Marquise von O.* .... Best.-Nr. 2400471
Kleist: *Michael Kohlhaas* .... Best.-Nr. 2400111
Kleist: *Prinz Friedrich von Homburg* ..... Best.-Nr. 2400631
Koeppen: *Tauben im Gras* .... Best.-Nr. 2400641
Lessing: *Emilia Galotti* .... Best.-Nr. 2400191

Lessing: *Nathan der Weise* .... Best.-Nr. 2400501
Th. Mann: *Der Tod in Venedig* .... Best.-Nr. 2400291
Th. Mann: *Tonio Kröger/ Mario und der Zauberer* .... Best.-Nr. 2400151
Th. Mann: *Buddenbrooks* .... Best.-Nr. 2400681
Musil: *Die Verwirrungen der Zöglings Törleß* .... Best.-Nr. 2400561
Schiller: *Don Karlos* .... Best.-Nr. 2400162
Schiller: *Kabale und Liebe* .... Best.-Nr. 2400231
Schiller: *Die Räuber* .... Best.-Nr. 2400421
Schiller: *Maria Stuart* .... Best.-Nr. 2400271
Schlink: *Der Vorleser* .... Best.-Nr. 2400102
Schneider: *Schlafes Bruder* .... Best.-Nr. 2400021
Schnitzler: *Lieutenant Gustl* .... Best.-Nr. 2400661
Schnitzler: *Traumnovelle* .... Best.-Nr. 2400311
Sophokles: *Antigone* .... Best.-Nr. 2400221
Stamm: *Agnes* .... Best.-Nr. 2400691
Storm: *Der Schimmelreiter* .... Best.-Nr. 2400381
Süskind: *Das Parfum* .... Best.-Nr. 2400091
Timm: *Die Entdeckung der Currywurst* .... Best.-Nr. 2400301
Vanderbeke: *Das Muschelessen* .... Best.-Nr. 2400331
Wolf: *Kassandra* .... Best.-Nr. 2400601
Wolf: *Medea. Stimmen* .... Best.-Nr. 2400551
Wedekind: *Frühlings Erwachen* .... Best.-Nr. 2400491
Zweig: *Schachnovelle* .... Best.-Nr. 2400441

Deutsch Training

Gedichte analysieren und interpretieren .... Best.-Nr. 944091
Dramen analysieren u. interpretieren .. Best.-Nr. 944092
Epische Texte analysieren und interpretieren .... Best.-Nr. 944093
Erörtern und Sachtexte analysieren ..... Best.-Nr. 944094
Abitur-Wissen Deutsche Literaturgeschichte .... Best.-Nr. 94405
Abitur-Wissen Textinterpretation .... Best.-Nr. 944061
Abitur-Wissen Erörtern und Sachtexte analysieren ..... Best.-Nr. 944064
Abitur-Wissen Prüfungswissen Oberstufe .... Best.-Nr. 94400
Kompakt-Wissen Rechtschreibung .... Best.-Nr. 944065

(Bitte blättern Sie um)

Englisch Interpretationen

Albee:
Who's afraid of Virginia Woolf? .... Best.-Nr. 2500101
Atwood: The Handmaid's Tale .... Best.-Nr. 2500181
Auster: Moon Palace .... Best.-Nr. 2500031
Boyle: The Tortilla Curtain .... Best.-Nr. 2500131
Bradbury: Fahrenheit 451 .... Best.-Nr. 2500141
20th Century English Short Stories .... Best.-Nr. 2500151
Fitzgerald: The Great Gatsby .... Best.-Nr. 2500191
Golding: Lord of the Flies .... Best.-Nr. 2500051
Hornby: About a Boy .... Best.-Nr. 2500201
Ishiguro: The Remains of the Day .... Best.-Nr. 2500171
Lee: To Kill A Mockingbird .... Best.-Nr. 2500231
Lessing: The Fifth Child .... Best.-Nr. 2500071
Lodge: Changing Places .... Best.-Nr. 2500091
MacLaverty: Cal .... Best.-Nr. 2500161
Priestley: An Inspector Calls .... Best.-Nr. 2500081
Russell: Educating Rita .... Best.-Nr. 2500061
Salinger: The Catcher in the Rye .... Best.-Nr. 2500111
Shakespeare: Macbeth .... Best.-Nr. 2500011
Shakespeare: Much Ado About Nothing . Best.-Nr. 2500241
Shakespeare: Romeo and Juliet .... Best.-Nr. 2500041
Shaw: Pygmalion .... Best.-Nr. 2500121
Shepard: True West .... Best.-Nr. 2500211
Williams: A Streetcar Named Desire ..... Best.-Nr. 2500221

Englisch Training

Themenwortschatz .... Best.-Nr. 82451
Grammatikübung .... Best.-Nr. 82452
Übersetzungsübung .... Best.-Nr. 82454
Grundlagen, Arbeitstechniken und
Methoden mit Audio-CD .... Best.-Nr. 944601
Sprechfertigkeit mit Audio-CD .... Best.-Nr. 94467
Sprachmittlung .... Best.-Nr. 94469
Abitur-Wissen
Landeskunde Großbritannien .... Best.-Nr. 94461
Abitur-Wissen Landeskunde USA .... Best.-Nr. 94463
Abitur-Wissen
Englische Literaturgeschichte .... Best.-Nr. 94465
Kompakt-Wissen Kurzgrammatik .... Best.-Nr. 90461
Kompakt-Wissen Abitur
Themenwortschatz .... Best.-Nr. 90462
Kompakt-Wissen Abitur
Landeskunde/Literatur .... Best.-Nr. 90463
Kompakt-Wissen Grundwortschatz .... Best.-Nr. 90464

Latein Training

Abitur-Wissen
Lateinische Literaturgeschichte .... Best.-Nr. 94602
Abitur-Wissen Römische Philosophie .... Best.-Nr. 94604
Abitur-Wissen Prüfungswissen Latinum . Best.-Nr. 94608
Kompakt-Wissen Kurzgrammatik .... Best.-Nr. 906011

Französisch Interpretationen

Camus: L'Etranger/Der Fremde .... Best.-Nr. 2550041
Sartre: Huis clos/
Geschlossene Gesellschaft .... Best.-Nr. 2550051
Schmitt: Oscar et la dame rose .... Best.-Nr. 2550071

Französisch Training

Landeskunde Frankreich .... Best.-Nr. 94501
Literatur .... Best.-Nr. 94502
Themenwortschatz .... Best.-Nr. 94503
Textarbeit Oberstufe .... Best.-Nr. 94504
Sprachmittlung · Übersetzung .... Best.-Nr. 94512
Abitur-Wissen
Französische Literaturgeschichte .... Best.-Nr. 94506
Kompakt-Wissen Abitur
Themenwortschatz .... Best.-Nr. 945010
Kompakt-Wissen Kurzgrammatik .... Best.-Nr. 945011
Kompakt-Wissen Grundwortschatz .... Best.-Nr. 905001

Spanisch

Kompakt-Wissen Abitur
Themenwortschatz .... Best.-Nr. 945401

Fachübergreifend

Richtig Lernen – Tipps und
Lernstrategien für die Oberstufe .... Best.-Nr. 10483
Referate und Facharbeiten
für die Oberstufe .... Best.-Nr. 10484
Training Methoden – Meinungen äußern,
Ergebnisse präsentieren .... Best.-Nr. 10486

Bestellungen bitte direkt an:
STARK Verlagsgesellschaft mbH & Co. KG · Postfach 1852 · 85318 Freising
Tel. 0180 3 179000* · Fax 0180 3 179001* · www.stark-verlag.de · info@stark-verlag.de
*9 Cent pro Min. aus dem deutschen Festnetz, Mobilfunk bis 42 Cent pro Min.
Aus dem Mobilfunknetz wählen Sie die Festnetznummer: 08167 9573-0

Lernen · Wissen · Zukunft
STARK